강남 엄마 공부7습관

강남 엄마 공부 7습관

초판 1쇄 인쇄 2015년 9월 21일
초판 1쇄 발행 2015년 9월 25일

지은이 신은정
펴낸이 김명호
펴낸곳 도서출판 머니플러스
편 집 장운갑
디자인 김드보라
마케팅 김미용, 이종호, 한성호
관 리 김민정, 김범천

주 소 서울시 은평구 은평로 11길 12-11 2층
전 화 02-352-3272 ㅣ 02-387-4241
팩 스 02-352-3273
이메일 pullm63@empal.com
등록번호 제311-2004-00002호

잘못된 책은 구입하신 서점에서 교환해 드립니다.
ISBN 978-89-91113-90-9 (13370)

※ 본문의 대화체가 아닌 지문에서는 "경어체"를 쓰지 않고 "평어체"를
사용했습니다. 독자 여러분께서는 양해해 주시기 바랍니다.

현직 초등교사가 알려주는

강남 엄마 공부 7습관

신은정 지음

MP 머니플러스

기본과 소신을 지키는 엄마들에 대해 말하다

'선생님 보고 싶어요. 저 곧 군대 가는데 가기 전에 꼭 한 번 뵙고 싶어요.'

얼마 전, 문자 한 통을 받았습니다. 첫 제자가 벌써 군대를 간다며 연락을 해온 것입니다. 그 제자를 만나 밥 한 끼를 하며 물었습니다. 선생님은 어떤 선생님이었냐고. 아이가 제 눈치를 보는 듯하다 이내 웃으며 대답했습니다.

"선생님이오? 좀 유별나셨죠. 얼마 전에 그때 같은 반이었던 친구들이랑 모여서 술 한잔 하는데 선생님이 가르쳐 주셨던 춤추면서 엄청 웃었어요. 하도 많이 춰서 몸이 기억하는 거 있죠."

아이들에게 대중가요를 들려주며 춤을 가르치던 선생님, 저는 그렇게 아이들에게 유별난 선생님으로 기억되었습니다. 매일 일기 쓰라고 잔소리하는 선생님이 되고 싶지 않아 교단일기를 쓰며 아이들과 일기를 바꿔 읽기도 했고, 지루한 수업을 하고 싶지 않아 책 한 구절 한 구절을 실감나게 읽어주며 수업을 한 편의 연극처럼 하기도 했습니다. 또 체육 수업에서만 몸을 움직인다는 틀을 깨고 싶어서 수학 수업을 할 때도, 사회 수업을 할 때도 온몸을 다 써야 하는 수업을 하기도 했습니다.

아이들과 뒹굴며 누가 아이고 누가 선생님인지 모르게, 때론 철없어 보이는 선생님으로 그 속에서 행복하게 살았습니다. 그렇게 교실 안에서 서로 많이 웃고 때론 울기도 하며 십 년이 넘는 세월을 그렇게 살았습니다. 그 시간 동안 저는 매달 담임선생님 편지를 학부모님께 띄웠습니다. 그 세월 동안 쌓인 하나하나 모아둔 종이 편지의 답장들과 문자로 받은 답장들을 보면서 코끝이 찡해지는 순간이 지금도 많습니다.

이제는 대한민국 엄마들에게 편지를 띄우려고 합니다. 그런데 그 편지의 제목에 왜 강남 엄마가 들어가는지 의아해하실 수 있을 것입니다. 왠지 모를 이질감과 거부감이 먼저 드셨을지도 모릅니다. '강남 엄마'라는 말 자체에서 풍기는 이미지가 어떤 것인지 잘 알고 있습니다. 하지만 책을 펼치셨다면 굳이 지리적 위치의 강남에서 살고 있는 엄마가 아니라 자녀교육에 제대로 된 정성을 쏟으며 올바른 교육을 펼치고 있는 엄마 정도로 해석하시고 가볍게 시작하시기를 조언합니다.

서울, 지방이나 강북, 강남 할 것 없이 분명 소신 있는 교육관으로 아이들을 훌륭하게 잘 길러내고 계신 엄마들이 많으신 것을 압니다. 그럼에도 굳이 강남 엄마를 말하는 것에는 몇 가지 이유가 있습니다.

제가 교직생활을 하면서 가장 많이 받았던 질문이 바로 '학군이 중요하냐?'라는 것입니다. 더 구체적으로 강남에서 꼭 아이를 키워야 하는지 자주 질문을 받고는 합니다. 제가 대치동 학원가와 멀지 않은 곳에서 교직생활을 하게 되자 더 많은 분들이 제게 그런 질문을 해왔습니다. 이 책을 통해 제가 제일 많이 받았던 학군이 중요하냐는 그 질문에 대한 대답을 하고자 했습니다. 강남에서 애를 꼭 키워야 하느냐는 질문에 대답하기 위해서는 강남 엄마에 관해 이야기할 수밖에 없었습니다.

둘째는 대한민국에는 강남에 살고 있는 엄마조차도 공감할 수 없는 강남 엄마에 관한 과장된 정보가 넘친다는 사실 때문입니다. 이것은 많은 엄마들의 불안을 키운다는 점에서 매우 중요한 문제입니다. 이 불안은 강남에 살지 않는 엄마들뿐 아니라 강남에 살고 있는 엄마들에게조차 큰 정신적 상해(?)를 입게 만들기에 그냥 지나칠 수 없는 것이지요.

강남 엄마가 아닌 엄마들의 강남 학군에 대한 갈증과 강남 엄마로 살면서 힘에 부치는 엄마들의 고민을 풀어줄 책이 모두 필요함을 느꼈고 강남 엄마에 대한 잘못된 오해로 야기된 불안을 조금이나마 줄이고 싶었습니다.

시대를 막론하고 특별한 교육법은 존재하지 않습니다. 교육에 있어서는 항상 기본을 지키며 바른 교육을 향해 힘쓰는 것만이 진리가 될 수 있습니다. 강남 엄마의 공부 습관 또한 그 진리에서 크게 비켜가지 않습니다. 극성이 아닌 정성으로, 올바른 교육을 위해 기본을 놓치지 않는 현명한 강남 엄마의 공부 습관은 그래서 특별하다고 생각합니다. 흔히 알고 있지만, 쉽게 놓치는 자녀교육의 기본을 철저하게 지키며 소신을 잃지 않는 현명한 강남 엄마들은 인성과 지성을 두루 겸비한 아이들을 키우며 자신 또한 공부하는 습관을 지닌다는 것입니다.

강남 입성을 계획하고 계신 분들께 그리고 강남에 살고 있지만 이런저런 주변의 말에 자꾸 흔들리는 엄마들이 계시다면 이 책을 한 번쯤 꼭 읽어보셨으면 합니다. 강남에 가지 않아도 혹은 강남에 있으면서 현명한 강남 엄마로 살 수 있는 작은 실마리를 찾게 될 것이며, 정신적, 경제적 여유도 덤으로 얻으실 것입니다. 세간 사람들이 알고 있는 강남 엄마로 살기 위해서는 돈도 많이 들고 이런저런 스트레스가 많기 때문이지요.

극성 엄마라고만 치부당하기에는 너무나 아까운, 현명한 강남 엄마들을 만나시면서 몸도 마음도 자유로워지시길 바랍니다. 열린 마음으로 글을 읽는다면 분명 처음 기대했던 그 이상의 것을 이 책 속에서 발견할 수 있을 것이라 생각합니다.

강남 엄마의 공부 습관뿐 아니라 십 년이 넘는 교직생활을 통해 얻은 여러 가지 교육 비법도 담고자 했습니다. 교직에 있는 동안 많은 엄마들의 관심사인 독서교육, 글쓰기 교육, 놀이교육, 예술창의교육 등을 꾸준히 해왔고 그것을 바탕으로 실질적이고 구체적인 자녀교육 방법을 실었습니다.

저 또한 이제 막 아이를 키우기 시작한 초보 엄마입니다. 완벽한 엄마가 아닌 것을 잘 알기에 가끔은 흔들릴 것을 압니다. 그렇기에 중심이 있는 엄마로 올바른 교육을 놓치지 않기 위해 나중에 읽어도 부끄럽지 않도록 한 자 한 자 진심을 담아 정성스레 글을 썼습니다.

우리 엄마들부터 많이 행복했으면 좋겠습니다. 감동과 희열이 넘쳐야 할 '자녀교육'으로 인해 적어도 더 이상 상처받는 엄마와 아이들이 없었으면 좋겠습니다. 교육은 '어디서'가 아니라 '어떻게'가 더 중요하다는 것을 잊지 않으시기를 바랍니다. 오늘도 아이들을 위해 애쓰며 귀중한 하루를 보낸 대한민국 엄마들을 가슴 뜨겁게 응원합니다.

이 책이 나올 수 있었던 것은 자기 연찬의 끈을 놓지 말라고 늘 말씀하시던 아버지와 묵묵히 곁에서 도움을 주시며 응원해주신 어머니가 계셨기 때문입니다. 그런 부모님께 진심으로 감사드립니다. 항상 아낌없이 많은 사랑을 베풀어 주시는 시부모님께도 감사의 인사를 드립니다. 마지막으로 마음이 따뜻하고 든든한 나의 반쪽, 남편 현호 씨와 좀 더 나은 사람이 되고 싶게 하는 아들 하람이에게 사랑한다는 말을 전합니다.

2015년 여름

신은정

목차

3장 강남 엄마의 특별한 공부 7습관

4장 아이의 공부 습관보다 엄마의 교육철학부터 바로 잡는다

5장 강남에 살지 않아도 강남 엄마처럼 가르쳐라

1장
살아 있는 자녀교육 교과서, 강남 엄마들을 만나다

두 번째 교직생활, 강남에서 시작하다

"**선**생님, 강남으로 발령받으셨다면서요?"
　　　"엄마들 사이에서 선생님께서 강남으로 발령받았다는
소식이 화제예요."

　몇 년 전, 코끝에 닿는 바람이 매서웠던 2월의 어느 날이었다. 당시
1학년 담임을 맡아서 가르치고 있던 나는 여느 때와 다름없이 아이들
과 교문 앞에서 하이파이브를 하며 요란한 하교지도를 하고 있었다.
교문에서 아이들과 헤어지며 인사를 나눌 때면 종종 아이들을 기다
리는 엄마들과 마주치곤 했는데 그날은 몇몇 엄마들이 내게 다가와
그와 같은 말을 한다. 근무하고 있던 학교가 비강남권에 자리 잡고
있었던 터라 엄마들에게 내 발령 소식이 다소 신선했을지 모르겠다.
하지만 그래도 순간은 나의 발령 소식이 그렇게까지 화제가 될 것이
라고는 생각지 않았다. 하지만 엄마들이 연신 '강남으로'라는 말을 쓰

는 것을 듣고 알았다. '강남'은 그냥 '강남'이 아니라는 것을.

강남으로 발령을 받고 나니 또 다른 이야기도 들린다.

"신 선생, 강남으로 발령받았다며? 다들 시집 잘 가려고 강남으로 간 거라고 얘기하던데."

우스갯소리를 주고받을 정도로 가까운 선배 선생님으로부터 들은 농담에 가까운 말이었다. 그래서인지 기분이 나쁠 틈도 없이 웃음부터 나왔다. 생각지도 못한 말이기도 했지만, 누군가의 눈에는 그렇게 비춰질 수 있다는 것이 새삼 놀랍고 당황스러웠다. 그리고 역시나 또 한 번 느꼈다. '강남'은 그냥 '강남'이 아니라는 것을.

"강남에서 근무하는 교사가 그러는데, 그렇게 민원이 많다고 해요. 선생님도 조심해요."

"강남 아이들은 선생님이 영어를 하면 발음 지적하고 그런대요."

강남으로 발령을 받고 나니 많은 분들이 조언을 해주셨고 나 대신 미리 걱정도 함께 해주셨다. 역시나 정말 '강남'은 그냥 '강남'이 아니구나 싶었다.

도대체 강남이 무엇이기에 이렇게 다들 성화일까 싶었지만, 나도 어느 정도는 어렴풋이 알고 느끼고 있었다. 대한민국에서 '강남'의 드높은 위상(?)을 말이다.

이쯤 되니 별 생각 없던 나도 괜스레 신경이 쓰이기 시작했다. 더욱이 첫 부임한 학교에서 아이들과 학부모님들, 동료 선생님들로부

터 평생 잊히지 않을 감동적인 추억들을 가득 선물 받았던 사람이었
기에 순간 걱정이 스치기도 했다.

하지만 걱정도 잠시 내게는 믿는 구석이 있었다. '진심은 언제나,
어디에서나 통한다.'라는 항상 지니고 있던 신념과 특유의 긍정적인
성격이었다.

대신 진심을 전하는 방식에는 변화가 있을 수 있다는 것쯤은 각오
했다. 강남 학군만의 지역적, 환경적 특성이 아주 없지 않을 것을 알
고 있었고, 현명하게 그것을 빨리 파악해서 나만의 학급경영에 녹여
내자고 마음먹었다. 그렇게 많은 사람들의 관심과 오해, 걱정 속에서
시작된 강남에서의 두 번째 교직생활이 드디어 시작되었다.

그해 3월에 만난 아이들은 6학년이었다. 첫 부임한 학교에서도 주
로 고학년을 맡아 가르쳤기에 강남에서 만난 아이들의 옷차림, 쓰는
말들이 한눈과 한귀에 쏙쏙 들어왔다. 아닌 척했지만 아이들이 하는
행동과 말을 관찰하며 짧은 탐색시간을 갖고 단번에 알았다.

'이 아이들 정말 순수하다!'

물론 처음 보는 선생님 앞이라 조심하는 것도 있었겠지만, 본격적
으로 아이들과 인사를 나누고 이야기를 시작하는데 더욱 더 분명하
게 느낄 수 있었다. 이 아이들 정말 순수한 강남 아이들이라는 것을.
정말 청정지역에서 자란 듯한 느낌의 아이들을 대하고 있자니 새로
웠다.

처음 부임했던 학교에서 만났던 아이들이 얼마나 순수하지 않았으

면 자꾸 순수하다고 이야기하느냐고 오해를 살까 해서 미리 밝혀두고자 한다. 그 아이들도 분명 순수했고, 정말 헤어짐이 아쉬워 눈물을 흘릴 정도로 정을 쌓았다.

여기서 말하고 싶은 것은 많은 사람들이 내게 조언하며 얘기해준 강남 아이들과는 사뭇 다른 느낌이었다는 것이다. 그해 만났던 아이들은 고학년이라면 으레 보일 수 있는 특유의 삐딱함과 반항심 등이 조금도 느껴지지 않았다.

내가 혹시 전생에 나라를 구했나 싶을 정도로 우리 반은 심성이 곱고 매우 긍정적인 아이들로 한 반이 가득 찼다. 아직도 기억이 난다. 첫날 아이들이 내게 보낸 눈빛들을 말이다. 내가 말하면 그것을 있는 그대로 흡수하는 듯한 아이들을 마주하고 있자니 정말 행복했고 설레었다.

우선 적어도 영어발음 못 한다고 지적할 아이들은 아니라는 것이 분명하게 다가왔다. 한편으로 안심이 되었다. 많은 사람들의 우려 중 하나였던 강남 아이들은 이제 더 이상 우려가 아닌 것으로 결론이 났다. 그렇다면 그 다음은 바로 엄마들이었다. 실제로 강남의 엄마들이 학교에 민원을 더 많이 넣는지는 나도 모르겠다. 정확한 통계치를 본 적이 없음으로.

주변의 우려도 많았지만 나는 겁내지 않았다. 그럴 수 있었던 이유는 바로 매년 학기 초에 보내는 '3월의 담임선생님 편지'의 답장을 통해서였다. 이유 없이 무턱대고 민원을 넣는 엄마들이 많지는 않다는 것을 그 답장을 통해 이미 알 수 있었다.

지난 학교에서도 나는 매년 매월 담임선생님 편지를 써서 아이들 편으로 엄마들에게 전했지만 강남으로 발령받아 온 첫해 3월의 담임 선생님의 답장은 이제까지 받아 본 답장 중에 가장 많았다.

편지를 잃어버리거나 특별한 사정이 있어서 전달하지 못한 소수를 제외하고 대부분의 엄마들로부터 답장을 받았다. 그리고 답장의 내용도 참으로 따뜻했다. 순수한 강남 아이들을 만나 느꼈던 그 설렘이 답장에도 가득 담겨 있었기에 나는 강남 아이들을 만나 놀란 이후로 또 한 번 놀랐다.

'강남 엄마들은 따뜻하다!'

그렇게 반전을 거듭하며 강남 아이들을 만났고, 강남 엄마들을 만났다. 세상 사람들의 이야기와는 다른 강남 아이들과 강남 엄마들을 몇 년간 계속 만나오면서 행복했던 기억이 많았다. 아이들에게 고마웠고 강남 엄마들에게 감동을 받았다. 그래서 안타까움도 더 크게 다가왔다.

세상에는 강남 엄마들조차 공감할 수 없는 강남 엄마들에 관한 이야기가 넘쳐나고 그 속에서 강남 엄마들은 많은 오해를 받는다. 물론 사람은 자신이 보고 싶은 것만 본다는 말이 있는 것처럼, 특유의 긍정적인 성격으로 나 또한 내가 보고 싶은 것만 보아서 그런지도 모르겠다. 어쩌면 같은 강남에서 아이들을 가르치고 있는 다른 선생님이 내 글을 보고 전혀 공감을 하지 못하는 불상사가 생길지도 모르겠다.

그럼에도 불구하고 강남에서 만난 아이들과 강남 엄마들의 이야기를 굳이 이렇게 하고 있는 이유는 몇 가지가 있다.

우선 사람들의 오해와 편견으로 극성엄마로만 치부 당하기에는 너무나 아까운, 내면이 건강하고 아름다운 강남 엄마들도 세상에 많다는 것을 꼭 이야기하고 싶었다. 강남 엄마에 관한 수많은 오해와 편견이 다른 많은 엄마들의 불안을 야기시킨다는 점에서 그냥 지나칠 수 없었다는 것도 덧붙이고 싶다.

강남 엄마 이야기를 하고 있지만 나는 자녀교육에 정성을 다하는 대한민국 엄마들의 이야기를 하고 있는 것일 수 있다. 오늘도 아이들을 위해 애쓰는 평범하지만 현명한 그런 엄마들에 관한 이야기라는 것이다. 극성이 아닌 정성으로 올바른 교육을 하는 엄마들에 관해 꼭 한 번쯤은 말하고 싶었다. 많은 엄마들이 따라 잡으려고 하는 살아 있는 자녀교육의 교과서, 강남 엄마들에 관한 이야기는 어쩌면 당신의 이야기일지 모른다.

나를 울린 강남 엄마의 문자

달력의 시작은 1월 1일부터이지만, 학생들에게 한 해의 시작은 3월부터다. '신학기'라는 특별한 시간은 늘 그렇게 꽃샘추위가 채 가시기 전인 3월에 시작한다. 하지만 교사들의 '신학기'는 그것보다 좀 더 이르다. 많은 교사들이 새 학기가 시작되는 3월이 되기 전부터 새롭게 만나게 될 아이들을 맞을 준비로 분주한 날들을 보내고는 한다. 어느덧 아이들을 만난 지 햇수로 10년이 되다 보니, 내게도 그러한 일들이 이제 익숙한 일상이 되었다.

결혼식을 올리기 전날의 신부가 새로운 시작을 앞두고 설렘을 느끼기도 하지만 살짝 앞날에 대한 불안(?)감도 느끼는 것처럼 나도 매년 늘 신학기가 시작하기 전 그런 기분을 맛보았다. 그러한 설렘도, 불안감도 즐기기 위해 나름의 교육관으로 꾸준히 해오던 학급경영의 여러 방식들을 조금씩 손보며 좀 더 재미난 한 해를 준비하는 시간을 가졌다.

미리 받은 가출석부를 보며 아이들의 이름을 불러보고 입에 익숙하게 만들었다. 그렇게 아이들을 맞이할 준비를 한다. 텅 빈 교실에서 말이다. 칠판에 아이들을 환영하는 인사말을 쓰고, 아이들이 앉아야 할 자리를 안내하는 표를 붙인 후에 교실을 나온다. 이제 정말 다시 시작이다.

3월 신학기가 시작하는 첫날, 아이들은 '우리 반 공부'부터 시작한다. 앞으로 일 년 동안 함께 지내게 될 반의 새로운 이름, 몇 학년 몇 반이 아닌 우리 반만의 고유한 이름을 알려주고 그 뜻도 함께 알려준다. 처음에는 아이들에게 낯선 그 이름이, 그 이름을 넣은 박수 구호를 통해 점점 더 친숙해진다.

아이들에게 항상 강조하는 나눔과 배려, 믿음과 사랑이라는 가치를 초등학생 수준으로 예를 들어가며 알기 쉽게 설명해준다. 그러한 가치들이 교실 곳곳에 넘쳐나는 일 년을 보냈으면 좋겠다고 덧붙여 이야기한다. 그렇게 신학기 새로운 반에서 적응할 수 있는 시간을 보내다 보면 학부모 총회 날짜가 다가온다.

강남에서 발령받아 아이들을 만난 지 3년이 되던 해, 학부모 총회가 있었던 날은 유난히 더욱 기억에 남는다. 당시 나는 5학년 아이들을 맡아 가르쳤다. 그해 첫 학부모 공개 수업으로 수학수업을 준비했다. 수업 전부터 많은 엄마들이 일찍 왔고 교실 뒤를 가득 채웠다.

나는 교실 앞뒷문을 다 열어두고 아이들을 보러 온 엄마들을 맞이했다. 미리 따뜻한 물을 끓여두고 커피와 차, 종이컵을 뒤쪽 작은 공간에 마련해두었다. 물론 학교에서 배부하는 학부모 참관록도 챙겨두었다. 본격적인 수업에 들어가기 전에 아이들의 긴장을 풀어주기 위해 그동안 아이들에게 가르쳐주었던 몇 가지 짧은 동요들을 메들리로 불러본다. 그것도 유치한 율동과 함께 말이다.

다 큰 5학년 아이들이 선생님과 함께 율동과 노래를 하며 신나게 엄마들을 맞이한다.

'핫도그 아줌마, 핫도그 주세요. 기왕이면 큰 걸로 주세요. 동글동글 말아주세요. 케첩도 발라주세요. 설탕도 뿌려주세요.'

마지막 설탕은 여기저기 친구들에게 뿌리며 낄낄 거린다. 그렇게 한바탕 웃고 나면 공개수업을 시작을 알리는 종소리를 듣게 된다.

수업이 시작되면 아이들에게 늘 하는 소리가 있다.

"여러분, 평소보다 너무 잘하려고 하지 마세요. 그럼 티 나요. 평소보다 약간만 더 잘하세요.(웃음) 농담이고 평소처럼만 하면 됩니다."

그렇게 아이들의 긴장을 한 번 더 풀어준다. 마지막으로 구호를 외친다. 내가 선창으로 '못 해도 좋으니'를 외치면 우리 아이들이 대답한다.

'열심히만 해다오.'

　그렇게 열심히 하는 모습을 보여드리는 것만으로도 우리 엄마에게는 충분하지 않을까 싶었다.

　학습 목표에 맞는 여러 가지 활동을 해나가면서 아이들은 자신의 생각을 발표하기도 하고 친구들과 의견을 나누기도 한다. 학습 활동이 정리되어 가는 마지막에는 암호 풀기 활동을 한다. 그 수학수업의 진도에 맞는 수학 익힘 책에 있는 문제들을 미리 골라 간단하게 만든 학습지는 암호를 풀도록 되어 있다. 아이들은 열심히 문제를 풀면서 암호 해독을 해간다. 그 암호를 풀면 우선 이런 모양의 문장이 된다.

　'다한야려틀은학수'

　이게 무슨 말일까? 이 문장을 반대로 읽어보기를 바란다. 맞다.

　'수학은 틀려야 한다.'라는 문장이 완성된다. 암호의 정답은 바로 그것이다. 이 암호를 풀게 되면 다 함께 캠페인 광고 동영상 한편을 감상한다. 그 동영상은 아이들의 모습을 배경으로 이런 내레이션이 나온다.

　'우진아, 12번 수학문제를 틀리는 것을 두려워하지 마라.

　몇 번의 시험, 몇 번의 만남, 그리고 몇 번의 헤어짐, 몇 번이 될지 모르는 입사면접.

　너는 앞으로 수많은 문제들을 만나고 결정해야 할지도 모른단다.

　수학은 틀려야 한다.

　그것도 용감하게 틀려야 한다.

<u>세상의 모든 문제가 그렇게 틀리면서 배우기 때문이란다.'</u>

영상이 끝나고 나는 많은 엄마들이 버젓이 서 있는 앞에서 당당하게 힘주어 말했다.

"여러분, 수학은 틀려야 합니다. 모르는 것이라면 당당히 틀려야 합니다. 하지만 한 번 틀린 문제를 다시 틀리지 않도록 하는 것, 그것이 중요합니다. 그것을 도와줄 수 있는 선생님이 늘 여러분 곁에 있어요. 여러분이 앞으로 살아가면서 무수히 많은 거쳐야 할 일들을 생각했을 때 지금의 이 수학문제 하나는 아무것도 아닐 수 있음을 기억하세요. 그러니까 지금 이 교실 안에서 여러분이 풀게 될 수학문제만큼은 마음 편히 당당히 틀릴 각오를 하고 푸세요. 그것이 오늘 선생님이 여러분에게 마지막으로 하고 싶은 말입니다."

그렇게 수업이 끝이 났다. 쑥스럽게도 많은 엄마들이 박수를 쳤다. 나와 아이들은 그렇게 평소와 다르지 않은 모습으로 평소와 다른 추억거리를 또 하나 만들었다.

이어진 학부모 총회에서도 많은 엄마들은 나의 교육관을 경청해주며 눈빛으로 응원해주었다. 그 눈빛에서 많은 것들을 느낄 수 있었다. 그래서 감사했다. 그렇게 무사히 학부모 총회와 학부모 공개수업을 마칠 수 있었다. 그날은 유난히 기분이 좋았다. 그런데 기분을 더 좋게 만드는 문자들이 퇴근길에 이어졌다.

"선생님 수지엄마예요. 전 앉아서 보고만 왔는데도 피곤한데 선생님께선 얼마나 힘드실까 생각이 나서 문자라도 한통 넣어봅니다. 반 분위기가 좋아서 집에까지 웃으면서 걸어왔어요. 나눔, 배려, 믿음, 사랑을 강조하시는 '나배믿사'라는 선생님의 교육관으로 우리 반 잘 이끌어 주세요. 감사합니다. 상담 때 뵐 게요."

"선생님, 형식이가 오늘 수업을 집중해서 듣는데, 정말 울컥했어요. 항상 산만하다는 소리를 듣는 아이가 수업에 열심히 참여하는 모습을 보는데 정말 감동이었습니다. 한 해 동안 아이가 얼마나 많은 성장할지 상상하면 정말 가슴이 벅찹니다. 우리 형식이 잘 부탁드립니다. 감사합니다."

"선생님, 작년 제자였던 미진이 엄마입니다. 선생님 뵙고 싶어서 교실에 잠깐 들를까 했는데 오늘은 많이 바쁘실 것 같아서 그냥 집으로 왔습니다. 선생님이 올해 쓰시는 교실 주변을 두리번거리는데 작년 생각이 많이 났어요. 행복했던 추억들이 많았던 시간에 대해 다시 한 번 감사 말씀 드리고 싶습니다. 다음번에 학교에 가게 되면 그땐 꼭 뵐 수 있는 기회를 주세요. 보고 싶어요. 선생님."

작년에 맡았던 제자 엄마들의 문자까지 받으니 많이 행복했다. 그렇게 좋은 기분으로 잠자리에 들려고 하던 참에 휴대폰에서 '딩동' 소리가 났다. 늦은 밤, 문자 하나가 더 온 것이다.

'안녕하세요, 선생님, 0000(우리 반만의 이름)반 엄마예요!

오늘 공개수업과 총회 정말 감동의 쓰나미였답니다. 선생님의 열정과 노력에 진심이 담긴 감사의 말씀을 남기지 않으면 잠이 오지 않을 것 같아 이렇게 문자드립니다.

우리 5학년 0반 아이들 너무도 행복한 일 년을 보내리라 믿어 의심치 않습니다. 정말 로또 맞은 기분입니다! 편안한 밤 되세요.

혹여라도 제 순수한 뜻이 왜곡이 될까 싶어 익명으로 문자 보내오니 양해 바랍니다.'

문자를 받고 나야말로 감동의 쓰나미로 잠시 순간 멍해졌다. 역시나 나 또한 로또를 맞은 기분이었다. 가슴이 찡 하게 울렸다. 이내 정신을 차리고 구구절절한 답장을 썼다. 나도 그 엄마의 마음에 보답하고 싶어 진심을 담아 열심히 적었다. 그리고 전송 버튼을 눌렀다. 하지만 그때야 알았다. 보내질 수 없는 문자임을. 익명 숫자 0이 열 개가 찍혀 있던 문자였다는 것을 그렇게 뒤늦게 깨달았던 것이다.

창밖에는 아직 찬기가 가득한 바람이 불던 밤이었지만 마음만큼은 훈훈한 온기로 가득했다.

강상구의 '마흔에 읽는 손자병법'에 보면 사람을 울리는 수단은 마음 아니면 이익, 두 가지뿐이라는 말이 나온다. 돈이든, 지위든, 체면

이든 이익이 주어지면 사람은 움직이게 되는 것이다. 이익이 아니면 마음을 움직여야 하는데 이 마음을 움직이는 것에도 두 가지가 있다.

하나는 진심, 다른 하나는 속임수이다.

진심이 전해져 마음을 움직이는 것이 효과가 가장 좋지만 자기 속을 남에게 다 보여주고 산다는 게 쉽지 않다고 이야기한다. 그래서 예로부터 사람들은 속임수를 더 자주 썼다고 한다. 맞는 말이다. 하지만 기꺼이 내 속을 다 보여 가며 그 진심을 전하자고 마음먹으니 그 진심을 알아주고 진심으로 보답 받는 일이 생기게 되었다. 그것만으로 충분했다.

가끔은 너무 솔직하게, 너무 가까이 아이들과 엄마들을 만나는 것이 아닐까 생각한 적도 있었다. 하지만 역시 '나는 이래야 사는 사람' 맞는 것 같다. 기꺼이 내 속을 다 보여주고 진심을 전하며 살기, 나는 쭉 그렇게 지내기로 했다. 치맛바람 날리며 속임수로 교사의 진심을 사려고 드는 강남 엄마를 쉽게 만날 수 없었기 때문이다.

선생님, 한번 안아드리고 싶어요

평소와 다름없이 출근을 해 교실에 들어섰다. 이른 시간이라 아무도 없을 줄 알았던 교실에는 몇몇 아이들이 와 있었고, 반갑게 인사를 나누며 자리에 앉았다.

순간 눈에 띄는 것이 있었다. 분명 어제까지만 해도 비어 있던 포스트잇 통에 포스트잇이 가득 담겨져 있는 것이 아닌가? 누가 내 우렁각시가 되어준 것일까? 교실에 있던 아이들을 가만히 살폈다. 그리고 물었다. 한 남학생이 수줍게 웃으며 손을 든다. 당시 우리 반 남자 회장이었던 진수였다. 나중에 안 사실이지만, 진수는 엄마에게도 이야기하지 않고 자신이 모은 용돈으로 그 포스트잇을 사서 채워놓았다는 것이다. 아이의 그 고운 마음씨로부터 나온 행동은 나를 감동시키기에 충분했다.

그 일이 있고 나서 얼마 되지 않아 현장학습이 있었다. 교실 문을 들어서는데 교실 뒷문에 가지런히 정리되어 있는 신발들이 눈에 들어왔다. 현장학습을 가는 날에는 보통 실내화를 가지고 등교하지 않기에 아이들이 교실에 들어설 때는 신고 온 신발을 교실 뒷문에서 벗어야만 했다.

그 신발들은 사실 누가 마음먹고 정리하지 않으면 여기저기 흩어져 있기 마련인데 너무나 가지런히 잘 정리되어 있는 신발들이었던 것이다. 그런데 시선을 좀 더 옮겨보니 옆 반의 앞문 앞에도 신발들이 가지런히 정리되어 있었다. 순간 우리 반 아이들이 정리하는 것을 보고 옆 반 아이들도 정리를 했나 싶었는데 알고 보니 역시나 이번에도 우렁각시의 작품이었다. 옆 반 친구들에게도 선한 영향력을 끼치는 아름다운 선행이었다. 뒷문에서 나를 기다리고 있던 진수, 이번에도 진수의 작품이었다.

진수는 끼가 많은 아이로 항상 아이들 사이에서 인기가 좋았다. 하지만 아이들이 유난히 진수를 따르며 좋아했던 이유는 진수의 따뜻한 마음 씀씀이 때문이었다. 항상 뒤처지는 친구들을 도와주고, 자신이 맡은 일은 즐겁게 해내는 아이, 진수를 보고 있자니 진수 엄마가 생각났다. 진수를 쏙 빼닮은 진수 엄마. 더 정확히 말하자면 진수가 진수 엄마를 쏙 빼닮은 것이겠지만, 내가 진수에게서 느낀 그 따뜻함을 진수 엄마와의 상담에서도 진하게 느꼈다. 그래서 오랫동안 기억에 남는다.

"선생님, 우선 한번 안아드리고 싶어요."

말이 끝나기도 무섭게 진수 엄마는 나를 와락 끌어안았다. 그것이 진수 엄마와의 첫 만남이었다. 진수는 당시 학급의 회장이었다. 하지만 워킹 맘으로 바쁘게 지내는 진수 엄마는 학기 초 힘들게 시간을 쪼개어 온 상담에서 진수의 회장 당선이 마냥 반갑지만은 않았다고 했다. 학교일에 관심을 갖고 참여할 수 없는 상황이라 혹여 자신이 학급 임원 엄마의 역할을 제대로 못 하면 누군가가 피해를 입게 될 것이 걱정이라고 덧붙여 말했다. 학급 임원의 엄마라고 해서 크게 할 일이 없다고 걱정하지 말라고 안심시켰지만, 말 속에서 진수 엄마의 마음을 느낄 수 있었다. 담임선생님과 다른 임원 엄마들을 배려하는 마음을 말이다.

대화를 나누는 과정에서 진수 엄마가 하는 말 하나하나에는 자녀들에 대한 사랑이 깃들어 있었다. 진수의 학교생활에 대한 이야기를 전해드릴 때마다 진수 엄마는 겸손하게 반응하며 진수가 학교생활을 잘하고 있는 것에 대한 공을 오롯이 담임교사인 나에게 돌렸다. 직접적으로 표현하지 않았지만, 자신이 하고 있는 일에도 남다른 애착을 가지고 즐겁게 하는 것이 느껴졌다. 진수 엄마는 내면이 건강한 사람이라는 것을 이야기를 나눌수록 알 수 있었다.

진수 엄마는 짧은 상담을 마치고 돌아갈 때도 나를 따뜻하게 안으며 이렇게 말했다.

"선생님, 진심으로 선생님의 교육관을 지지하고 응원합니다. 그 열정 변치마시고 무엇보다 주변에 흔들리지 마세요."

그 말을 듣는데 나도 모르게 마음이 뭉클해졌다. 가끔은 유별난 나의 교육적 소신 때문에 마음고생(?)을 한 적도 많이 있었던 터라 진수 엄마의 응원이 많이 감사했다.

진수 엄마와의 상담 이후로, 학부모님들과 나누는 프리허그가 시작되었다. 그때 받은 신선하고 따뜻한 감동을 잊을 수 없어서 그 뒤로 내가 엄마들을 먼저 안아드리기로 결심한 것이다.

그해 엄마들과는 정말 많은 포옹을 나누었다. 엄마들은 더 열린 자세로 내 이야기를 경청해주었고, 그러다 보니 형식적인 학부모 상담에서 벗어나 진심으로 아이들과 엄마들을 위한 상담을 할 수 있었다.

연정 엄마는 아이 셋을 키우는 전업 주부였다. 내가 연정이의 담임을 맡게 된 해에 그 엄마는 셋째 아기를 출산했다. 그러다 보니 육아로 인해 학교 방문이 힘들었고 2학기 학부모 상담 주간에 간신히 시간을 냈다. 유모차에 그 셋째 아기를 태웠고 아기는 엄마 옆에서 누나 담임선생님과의 상담을 함께했다. 엄마는 딱 보아도 육아로 많이 지쳐 있는 상태였다. 그런 연정 엄마의 손을 우선 잡아주었다. 그리고 이야기했다.

"어머니, 아이 셋을 키우느라 많이 힘드시죠? 연정이가 일기장에 동생들 이야기를 많이 써요. 그 글을 읽을 때마다 연정이가 얼마나 동생들을 많이 사랑하는지 다 느껴집니다."

나의 이 몇 마디에 엄마는 눈물을 글썽거렸다. 엄마는 어린 동생들을 먼저 챙기느라 연정이에게 소홀했던 것이 죄책감으로 마음 한편이 무거웠다며 이내 눈물을 쏟아냈다.

연정 엄마는 연정이가 맏이라는 이유로 괜스레 잔소리를 더 듣게 되는 것 같다고, 자신도 그러지 말아야지 하면서도 짜증을 첫째 아이에게 더 많이 낸다고 말했다. 그래서 연정이가 자신도 모르는 사이 그것으로 스트레스를 많이 받지 않을까 걱정했다고 했다. 그런 엄마를 앞에 두고 연정이에 관한 이야기를 더 자세히 해주었다.

연정이는 일기장에 동생들 이야기를 자주 적었다. 동생이 보이는 작은 행동하나에도 신기해하며, 우리 동생은 너무나 귀엽고 사랑스럽다고 여러 번 적었다. 그날그날 있었던 동생과의 에피소드를 언니의 입장에서 혹은 누나의 입장에서 순수하지만 깊이 있는 사랑의 시선으로 일기장에 담아냈다.

일기장뿐만이 아니라 쉬는 시간이면 내 옆으로 다가와 "선생님, 우리 동생이 어제는요." 하면서 참새마냥 재잘재잘 동생의 재롱을 전하며 즐거워하는 연정이었다. 엄마에게 연정의 고운 심성이 반 친구들에게 어떤 좋은 영향력을 미치고 있는지에 대해서도 이야기해주었다. 연정이는 늘 뒤처지는 친구들을 다독여 챙기는 아이로 내 손길이 닿기도 전에 그런 친구들을 따뜻하게 보듬어 함께 갈 줄 아는 그런 아이였다. 나 또한 아이에게 고마울 때가 한두 번이 아니었다. 그런 마음이 따뜻하고 고운 심성의 연정이를 키운 것은 바로 연정 엄마라고 죄책감에서 조금 벗어나서 조금 더 편안한 마음으로 육아를 했으면 좋겠다고 말했다.

연정 엄마는 연신 눈물을 닦았지만, 얼굴은 처음보다 많이 편안해 보였다. 상담을 끝내고 유모차를 밀고 가려는 연정 엄마를 꼭 안아드렸다.

어느 날, 교실에서 물티슈가 급하게 필요했던 상황이었는데 마침 학교에서 학급 물품으로 나눠준 물티슈가 똑 떨어졌었다. 그때 개인적으로 가지고 있던 아이들의 물티슈를 몇 장 가져다 쓰게 되었다. 물티슈를 구비해 둬야겠다고 생각했지만 이내 깜빡하고 며칠 후, 비슷한 상황을 또 맞닥뜨리게 되었다. 아이들에게 미안했지만 어쩔 수 없었던 나는 "여러분, 혹시 물티슈 있는 사람 있나요?"라고 물을 수밖에 없었다. 이내 연정이가 손을 번쩍 들어 대답했다.

"선생님, 저 그때 선생님 물티슈 떨어졌다고 하셔서요. 집에서 하나 가져왔어요. 이거 책상에 두고 쓰세요."

그냥 지나칠 수 있었던 말을 기억해 두었다가, 집에서 굳이 그 물티슈를 챙겨온 연정이, 정말 아이의 그 따뜻한 마음에 온몸의 체온이 오르는 느낌이었다. 이 이야기를 연정 엄마에게 문자로 전했더니 연정 엄마는 오히려 아이들을 작은 행동도 이렇게 크게 봐준다며 나에게 감사해했다. 정말 어쩔 수 없는 사랑스러운 모녀의 모습에 또 한 번 감동할 수밖에 없었다.

　흔히들 학부모와 교사의 관계를 가까이 하기에는 먼 당신이라는 말로 이야기하고는 한다. 하지만 교사와 학부모 사이의 벽을 체온이 느껴지는 포옹으로 무너뜨리자, 매일이 감사함이었고 진심으로 행복했다. 아직도 그때의 기억들을 떠올리면 입가에 미소가 번진다.

학부모 만족도 만점 뒤에 숨겨진 강남 엄마의 진심

강남으로 발령을 받아 아이들을 가르치면서 나는 첫 학교에서 신규교사로 가졌던 열정을 잃지 않으려고 나름대로 노력을 많이 했다. 그렇다고 강남 학군을 의식하고 특별히 뭔가를 더하지는 않았다. 원래 하던 학급경영 방식의 큰 틀은 고수하면서 매해 만나게 된 아이들의 성향에 따라 조금씩 그 방법을 수정 보완해갔다. 첫 학교에서도 강남 학교에서도 그렇게 아이들을 만났다. 수업을 하는 나는 크게 달라진 것이 없었지만 그것을 받아들이는 아이들의 반응은 적지 않게 달랐다.

강남에서 아이들을 가르치면서 가장 좋았던 것을 꼽으라면 바로 아이들의 높은 학습 의욕이었다.

아이들을 대상으로 보통 한 달 이상 걸리는 프로젝트 학습을 많이 진행했었다. 사전에 내가 제시하는 프로젝트 학습 주제에 대해 어떤 형식으로 발표를 할 것인지, 그 주제에 대한 발표내용은 어떻게 수집할 것인지, 그러기 위해서 각자 어떤 역할을 맡을 것인지 등 여러 번의 회의와 중간 중간 점검하는 시간을 수업시간 혹은 점심시간이나 쉬는 시간을 통해 갖게 했다.

일 년에 두 번 정도 프로젝트 수업을 진행하는데 아이들의 반응이 정말 폭발적이다. 생각했던 것 이상의 자발적인 참여로 나를 깜짝 놀라게 하고, 발표하는 형식과 내용으로 또 한 번 놀라게 하였다. 내가 기대했던 이상으로 아이들은 창의적이고 기발한 아이디어로 흥미로운 발표를 한다. 이런 아이들의 고취된 학습 의욕은 나를 춤추게 했다. 정말 그런 아이들을 볼 때마다 또 다른 수업을 계획하게 되고 가르치는 재미에 푹 빠져 살았다.

이와 반대되는 상황을 교육학적 용어로 '학습된 무기력'이라고 한다. 쉽게 말해서, 말 그대로 뭔가를 하고 싶어 하지 않는 무기력도 학습되듯이 쌓이고 쌓일 수 있다는 것이다. 정말 학습된 무기력은 찾아보려야 찾아볼 수 없는 이런 아이들을 데리고 수업을 하면서 교사로서 가르치는 큰 기쁨을 만끽했다. 그리고 내가 자리를 비운 사이 책상 위에 그 프로젝트 학습을 제발 더 자주 시켜달라고 메모를 남겨둔 아이들을 볼 때면 교사로서 이런 아이들을 만날 수 있음에 너무나 감사했다.

이렇게 가르치는 재미에 푹 빠져 살면서 아이들도 나도 많은 추억들을 쌓았다. 유난히 춤을 좋아하는 나는 좀 별나지만 아이들에게도 춤을 가르쳤다. 학원을 적지 않게 다니는 아이들에게 학업 스트레스를 푸는 일종의 신종 취미를 갖게 해주고 싶었다. 처음에는 부끄러워하며 손사래를 치던 아이들도 아무렇지도 않게 춤을 가르치는 선생님 앞에서 아무렇지도 않게 춤을 따라 추는 상황이 벌어진다. 거기서 좀 더 발전하면 언제 또 춤을 추느냐고 묻는 아이들이 생겨난다. 그러면 나는 쉬는 시간이든 점심시간이든 마음껏 추라고 음악을 틀어줬다.

싸이의 '강남스타일'이 한창 유행일 때는 그 노래를, 때로는 크레용팝의 '빠빠빠'를 지겹도록 들으며 함께 춤을 추었다.

교실은 머리로 공부하는 공간이기도 했지만 몸으로도 공부하는 곳이라는 것이 내 교육철학 중 하나였고, 나는 그것을 실천하며 살고 싶었다. 그래서 국어 공부를 할 때도 책상을 뒤로 다 밀고 공간을 마련한 뒤 바닥에 매트를 깔고 앉았다. 함께 지문을 실감나게 읽고, 그 읽은 내용을 몇 부분으로 나눠 즉흥극으로 재연하게 했다. 즉흥극을 시작할 때는 무조건 '장면 나와라 얍!'을 외치며 정지 상태로 있어야 한다. 일명 '얼음' 상태다.

그러면 난 아이들에게 "무엇이 보이나요? 왜 그렇게 생각했나요?" 하고 질문한다. 아이들은 멈춰 있는 친구들의 얼굴 표정, 몸동작을 보고 나름의 역할을 추측해 보기도 하고 그 장면의 내용을 상상해보기도 한다. 그러면서 아이들은 글의 내용을 온몸으로 익히고, 당장은 시험에 나오지 않는 생각하는 힘, 상상하는 힘을 기른다. 모두 함께 '얼음~ 땡!'을 외치며 아이들은 자신들이 맡은 역할에 맞게 연기를 시작한다.

이런 활동을 하다 보면 생각지도 못한 일들이 벌어진다. 한번은 말수가 많지 않았던 남학생 한 명이 등장인물의 하나였던 '왕' 역할을 너무나 실감나게 해서 반 아이들을 모두 깜짝 놀라게 했다. 나중에 안 사실이지만 그 남학생은 일명 '집에서만 스타' 유형의 아이였다. 다시 말해 집에서는 갖은 끼를 부리며 부모님을 즐겁게 하지만 학교만 오면 과묵한 아이로 돌변하는 아이였던 것이다. 그러한 아이가 그러한 수업을 계기로 '학교에서도 스타'인 아이로 등극했고, 성격도 유하고 착했던 터라 아이들의 사랑을 한 몸에 받았다.

그 밖에도 가르치는 교사인 내가 재미있는 활동을 찾아 아이들과 함께 교실에서 온몸으로 공부하며 지냈다. 그러다 보면 어느덧 한 학기가 금세 지나 2학기를 맞이한다. 그렇게 선선한 바람이 불어오는 10월이 되면 많은 선생님들의 마음에도 선선하다 못해 한기가 느껴지는 바람이 일기 시작한다.

매년 10월에서 11월은 교원평가제가 학교에 도입되면서 학부모 만족도 조사가 있는 시기인 것이다. 제도의 시행 여부를 두고 말도 많고 탈도 많았지만, 어느덧 교원평가제가 시행된 지도 꽤 오랜 시간이 흘렀다. 아이들이 교사를 평가하고 학부모가 교사를 평가하는 시대를 살고 있기에 나도 그 제도 안에서 벌써 여러 차례 평가를 받아왔다.

강남 학군으로 발령받아 아이들을 가르치면서도 당연히 평가를 받았다. 그러려니 하고 받아드릴 수 있는 내공이 있던 나였기에 별 생각 없이 열어본 평가 결과에 깜짝 놀랐다. 학부모만족도 조사 결과가 만점이었다. 그 당시 스무 명이 넘는 엄마들이 평가에 참여했는데 모든 항목에 만점으로 체크했다는 것에 사실 적지 않게 당황스러웠다. 그런데 나를 더욱 놀라게 했던 것은 선생님의 좋은 점 또는 바라는 점을 적을 수 있는 주관식 평가문항의 답변들이었다. 그 답변들을 읽는데 정말 온몸이 달아올랐다. 내가 고민했던 부분을 읽어내며 나를 격려하고 응원해주는 엄마들의 글을 읽는데 정말 눈물이 났다.

"나름의 교육철학을 가지고 소신 있는 모습으로 학부모와 학생들을 대하는 모습을 보면서 요즘 같은 사회 분위기에서 어려운 부분도 많이 있으실 것 같다는 생각이 들었습니다. 하지만 선생님을 존경합니다."

"선생님의 그 교육관 늘 변치 마세요."

"선생님의 훌륭한 교육철학이 정체되거나 퇴보함이 없이 계속 발전 지속되었으면 좋겠습니다. 선생님과 만나게 되어 영광이고 감사합니다."

"우리 아이들이 또 내 아이가 닮았으면 하는 선생님이자 인생의 멘토입니다. 그 열정 변치 마시기를 진심으로 바랍니다. 사랑해요. 선생님."

　적어놓고 보니 내 자랑이 되었다. 지울까 말까 고민하다가 그냥 두기로 했다. 흔히들 교사에게 후하지 않을 것 같은 깐깐한 강남 엄마들을 상상한다. 하지만 내가 만난 강남 엄마들은 그 편견과 선입견과 달리 시도 때도 없이 내게 감동을 날리는 그냥 좋은 엄마들이었다.

　나는 평가를 더 잘 받기 위해 굳이 애쓰지 않았다. 그냥 하던 대로 묵묵히 내가 가르쳐온 방식으로 그렇게 아이들과 교실에서 뒹굴며 행복하게 지냈다. 나는 크게 변한 게 없었지만, 그런 모습을 관심 있게 지켜보던 강남 엄마들은 내게 앞으로도 변하지 말라고 그렇게 응원해주고 있었다.

　그 일을 계기로 나는 서울시 강남교육청에서 주관하는 신규교사 대상 연수의 강사가 되었다. 강남 엄마들에게 학부모만족도 조사 만점을 받은 비결을 후배 교사들에게 풀어보라고 당시 내가 근무하고 있던 교감선생님께서 교육청에 나를 추천하였다.

　나는 그 강의에서도 신규교사들에게 힘주어 말했다. 진심은 언제나 통하는 법이라고, 당당하게 신규교사로서의 장점과 매력을 어필하며 행복한 교사생활을 하기 바란다고 말이다. 적어도 내게는 강남 엄마의 관심과 정성이 신규교사들을 만날 수 있는 기회를 만들어주었다. 의도치 않았지만, 나의 진심과 강남 엄마의 진심이 어우러져 만들어진 기회였다. 그 강의를 할 때마다 강남 엄마들이 생각났다.

그리고 나를 응원하던 강남 엄마들에게 많이 고마웠다. 그 강남 엄마

들이 유난히 보고 싶은 오늘이다.

마음에 반하고 배려에 두 번 반하게 하는 강남 엄마

여성학자 박혜란의 '다시, 나이 듦에 대하여'라는 책을 펼쳤다가, 이내 미소를 짓게 되었다. 한눈에도 다른 책들에 비해 본문의 글씨 크기가 크다는 것을 알 수 있었다. 이에 관해 이 책을 편집한 에디터가 짧은 메모를 남겼다.

'분명 노안이 왔을 이 책의 핵심 독자들이 조금이라도 편안하게 읽기를 바라면서.'

저자가 나이 듦을 이야기할 때 에디터는 노안이 된 독자들을 생각하며 본문의 글씨 크기를 키웠다. 그것을 보고 있자니 '배려'라는 것이 이런 게 아닐까, 그런 생각이 스쳤다.

생각지도 않게 펼친 책에서 독자를 배려한 글자 크기를 발견하게 된 것, 배려는 늘 그렇게 예상치도 못하게 찾아온다. 누군가에게 존중받으며 나란 사람이 소중하고 귀하게 여겨지는 것, 상대방에게 배려를 받는다는 것은 그런 것이다.

강남 엄마들과 지내오면서 따뜻한 마음에 반하고 그런 배려에 두 번 반한 일들이 많았다.

매년 나는 심한 목감기를 호되게 적어도 한두 번은 꼭 겪는다. 목을 쓰는 직업이다 보니 물도 많이 마시고, 목에 좋다는 이런저런 습관도 길러보지만 환절기나 학기 말에는 어김없이 목감기를 심하게 앓는다. 그때마다 정말 목에서 쉰소리가 나거나 아예 목소리 자체가 안 나오는 경우가 비일비재했다. 한마디로 정상적인 수업이 불가능한 최악의 사태를 경험하게 되는 것이다.

교사의 의무이자 아이들의 권리인 수업을 제대로 하지 못하는 상황이니 그럴 때마다 아이들에게 정말 많이 미안했다. 그래도 안 나오는 목소리를 쥐어짜서라도 정해진 수업을 해야 했다. 그런 모습을 지켜보는 아이들이 더 내게 미안해하는 모습을 보면서 나는 더더욱 미안했다.

몇 년 전, 겨울에도 지독히 독한 목감기를 앓고 힘들어하고 있었다. 간신히 출근을 해서 책상에 앉았는데 뭔가가 눈에 들어온다. 일반 종이컵보다는 튼튼해 보이는 크기가 컸던 종이컵에 얇고 기다란 허브 차 티백이 몇 개 꽂혀 있었다. 그리고 그 종이컵에는 차를 마시는 설명서가 붙어 있었다. 글씨체를 딱 보아하니 우리 반 배려의 아이콘, 경희의 작품이었다. 담임선생님이 며칠을 감기로 고생하는 모습을 지켜보면서 아이가 집에서 직접 챙겨온 차들이었다. 부담스러운 포장 속에 담긴 차가 아니어서 좋았다. 아이의 순수한 마음이 담긴 그 차 티백 하나를 들어 종이컵에 넣었다. 아이가 손수 적어준 설명서를 보며 물을 부었다. 따뜻한 온기가 손 끝 닿아 심장까지 전해진다. 아이가 내게 보여준 그 마음에 이미 감기가 다 나은 듯했다.

다음 날, 경희가 한 손에 뭔가를 들고 내게 왔다.

"선생님, 제가 오늘도 차를 챙기는 걸 보시더니 엄마께서 생강차를 챙겨주셨어요. 엄마가 집에서 만든 거라고…… 산 거 아니라고 꼭 드시고 나으시라고 하셨어요."

정말 아이 손에 들린 생강차는 시중에서 파는 것과는 다른 용기에 담겨 있었다. 생강차가 담긴 그릇 위에 붙은 쪽지가 내 눈에 들어왔다.

"선생님, 심한 감기를 앓고 계신다고 해서 아이 편으로 집에서 담근 생강차 조금 덜어 보냅니다. 사서 보내는 것도 아니고 집에 있는 것 덜어서 보내는 거라 민망하고 죄송하네요. 그래도 꼭 드시고 감기 나으세요."

역시나 이미 감기가 다 나은 듯했다. 내 감기의 특효약은 바로 진심이 담긴 누군가의 마음이었다.

감기와 관련된 일화는 이 외에도 많다. 정말 편도가 심하게 부어서 침도 삼키지 못할 정도가 된 적이 있었다. 의도치 않게 수업 중에 아

이들에게 힘들어하는 모습을 보이게 되었다. 걱정하는 아이들의 눈
빛에 갈라지는 목소리로 말했다.

"선생님이 아프니까 대충 수업할 거라고 기대하는 눈빛들인데?"

마음에도 없는 소리였지만 아이들의 걱정을 풀어 주고 싶었다.

그날도 심한 감기와 동행하며 출근했다. 그런데 책상 밑으로 뭔가
가 놓여 있는 게 아닌가? 열어보니 아이스크림이 그 속에 담겨 있었
다. 전날 목이 부어 수업을 제대로 못 하는 내가 유독 걱정되었던 민
식이가 엄마에게 내 감기 소식을 전했던 모양이다. 민식 엄마는 편지
한 장을 아이스크림과 함께 두었다.

"선생님, 편도 부은데 가라앉히는 방법 중에 하나가 아이스크림 먹
는 거라고 하더라고요. 날씨는 춥지만 그래도 한번 드셔보세요. 효과
가 있었으면 좋겠네요. 혹여 오해를 살 수도 있을 것 같아서 이른 아
침 교실에 놓아두고 갑니다. 지나가는 길에 들른 것이니 부담 갖지
마시고 꼭 드셔보세요. 감기 빨리 나으셨으면 좋겠네요."

민식 엄마는 나를 배려해 사람들의 눈에 들지 않도록 이른 아침에
교실에 아이스크림을 두고 갔다. 그리고 지나가는 길에 들른 것이라
고 부담 갖지 말라고 하며 나를 한 번 더 배려했다. 정말 그 마음에 역
시나 이미 감기가 다 나은 듯했다. 내 감기의 특효약은 바로 진심이
담긴 누군가의 배려였다.

퇴근하기 전 그 민식 엄마에게 문자가 왔다. 집에서 가까운 곳에
치료를 잘하기로 유명한 이비인후과가 있다는 정보를 주시며, 덧붙

여 늘 사람이 붐비는 곳이라 내 이름을 예약자 명단에 넣어두었다는 문자였다. 그 문자를 읽는데 순간 말문이 막혔다. 정말 이런 사랑을 받아도 될 정도로 내가 괜찮은 사람인지, 어찌 이런 과분한 사랑을 받게 되는 것인지 감사함을 넘어 미안함이 앞섰다. 이런 나의 마음을 전하자, 민식 엄마는 또 내게 이런 배려를 보여주었다.

"선생님, 병원이 저희 집에서 엎어지면 코 닿을 곳에 있어요. 저 아까 볼일 보러 나갔다가 들어오는 길에 한 거니까 정말 신경 쓰지 마세요. 정말 고마우시면 감기 빨리 떨치세요."

사실 이 이야기를 글로 옮길까 말까를 두고 많이 고민했다. 나를 배려하면서도 자신의 행동이 남들에게 잘못된 오해를 살까 싶어 조심하던 민식 엄마, 그런 민식 엄마의 진심이 왜곡될까 싶었기 때문이었다.

'뭔가 대가를 바라고 그러는 거였겠지.' 혹은 '별것까지 다 해줬네. 아이 위해서 그렇게까지 하고 싶을까?' 하고 정말 잘못된 시선으로 이 이야기를 읽을 누군가가 한 명이라도 있을까 두려웠던 것도 사실이다.

내게는 가슴 따뜻한 감동으로 다가온 일들이 다른 사람들에게는 극성엄마의 한 사례로 비춰질까 걱정이 되기도 한다.

하지만 이야기하고 싶다. 교사와 학부모 사이에도 진심이 담긴 배려가 오갈 수 있다는 것을. 서로가 어떤 대가를 바라지 않고서 그럴 수 있다는 것을 꼭 말하고 싶었다. 내가 교직에서 경험하는 일들에 대해 이야기할 때면 사람들은 그런 일들이 실제로 벌어지고 있느냐며 되묻고는 한다.

세간 사람들이 아는 퍽퍽한 교사와 학부모 사이의 일들과는 사뭇 다른 이야기들을 자주 하기 때문이다. 자신 있게 대답할 수 있다. 진심을 나누는 일은 어디서든 일어날 수 있다고. 그것이 학교라는 공간에서 빚어지는 관계라고 해서 가능하지 않다는 법은 없다고 말이다.

강남 엄마들이 내게 주는 마음에 반했고, 그 마음을 전하는데 있어 나를 배려하는 모습에 또 한 번 반했다. 지독한 감기의 특효약이었던 마음이 너무나 따뜻했던 아이들과 강남 엄마들에게 다시금 고마움을 전하고 싶다.

졸업 후에 찾아온 강남 제자가 아닌 강남 엄마

가을 운동회가 한창 치러지고 있던 날이었다. 아이들을 챙기며 이런저런 경기를 참여하도록 인솔하기도 하고 그늘막에 앉아서 쉬고 있는 아이들에게 다가가 사진도 찍어주고 농담도 건네던 그때 어디선가 "선생님!" 하고 부르는 소리가 났다. 아이 목소리가 아니라 어른 목소리였다. 고개를 돌려 주변을 두리번거리는데 낯익은 얼굴의 한 엄마가 조금 떨어져 있는 곳에 서 있었다. 바로 졸업한 제자 명희의 엄마였다.

제자가 졸업한 지 벌써 시간이 꽤 흘러 고등학교 진학을 얼마 남겨두지 않고 있었던 터라 명희 엄마의 등장이 더 놀랍고 반가웠다.

"선생님, 정말 보고 싶어서 계속 찾아오고 싶었는데 괜히 바쁘신데

방해 드릴까 해서 운동회 날 작정하고 왔어요. 친구가 이 학교 1학년에 아이를 보내고 있어서 오늘 운동회가 있다는 소식을 미리 듣고 알았거든요. 이럴 때 잠깐 얼굴만이라도 뵙고 싶어서요. 잘 지내셨어요?”

나를 보고 싶어 찾아왔다는 것도 감사했지만, 시간을 방해하지 않고 잠시 운동회를 빌어 찾아왔다는 명희 엄마의 말을 듣는데 역시 변한 게 하나도 없구나 싶었다. 명희 엄마는 늘 그랬다.

명희는 전 과목의 학업 성적이 매우 높았던 아이로, 다방면으로 가지고 있는 소질이 많았다. 수업을 할 때면 명희의 창의적인 사고에 놀랄 때가 많았고, 내가 준비해서 진행하는 다양한 교육활동에 적극적으로 무엇보다도 즐겁게 참여했었다. 학습 의욕이 고취되어 뭐든지 열정적으로 참여하고자 하는 명희와는 다르게 명희 엄마는 늘 명희의 그런 성향이 주변 아이들에게 폐가 될까 우려하였다.

명희는 또래 아이들에 비해 자신의 꿈에 대한 큰 그림을 가지고 있던 아이였고, 그 과정 속에서 전교 임원단 선거도 스스로 나가보겠다고 의사를 밝혔다. 결과가 좋지 않아도 기죽는 법이 없었다. 항상 변함없이 씩씩한 명희가 나는 대견스러웠다. 엄마가 나가라고 해서 학급 회장 후보에 나오는 아이들과는 사뭇 대조적인 명희를 보면서 그릇이 큰 아이임을 단번에 알 수 있었다.

강단 있는 명희와는 다르게 명희 엄마는 심성이 곱고 마음이 매우 여린 분이셨다. 한번은 명희가 국제중학교에 지원해 보고 싶다고 했다며 상담을 요청한 적이 있었다. 나는 흔쾌히 명희가 원한다면 준비해보는 것이 좋겠다고 말씀드리는데 한편으로는 엄마가 걸렸다. 세심하고 여린 성격을 지닌 명희 엄마가 막상 준비가 시작되었을 때 이런저런 일로 신경을 쓰다가 마음이 힘들어지는 일이 생기지는 않을까 걱정이 되었다. 아니나 다를까 막상 국제중학교 입학 준비로 이것저것 준비하는 과정에서 명희 엄마는 예상치 못한 일을 겪자 굉장히 힘들어했다.

국제중학교 준비로 연락을 자주 나누던 중 한번은 교실로 찾아왔다. 교실 앞문을 열고 들어오는 엄마를 보는데, 평소에 고왔던 얼굴과는 달리 푸석해 보이는 얼굴이 제일 먼저 눈에 띄었다.

자리에 앉자마자 "선생님, 정말 말씀하신 대로 막상 준비를 시작하니 제가 너무 힘이 드네요." 하고 말했다.

국제중학교 입학을 위해서는 초등학교 6학년 성적뿐 아니라 5학년의 성적이 필요했다. 당시 대부분의 초등학교는 2학기 생활통지표를 서술형으로 작성해서 배부했던 터라 국제중학교를 준비하는 아이들의 엄마들은 5학년 2학기 단계형의 성적을 그때 처음으로 확인하게 된 것이다. 문제는 명희의 5학년 2학기 성적이 생각보다 나빴던 것이다. 명희 엄마는 그동안 모아두었던 단원평가 결과표들을 가지고 왔고, 아이가 성적이 꾸준히 좋았는데 그런 성적을 받았었다는 사실에 크게 실망해 있었다.

초등학교 평가는 정량적인 점수에 의한 평가도 있지만, 과제수행이나 태도, 성실도를 가지고 평가하는 적성적인 평가도 많다. 여학생치고는 털털했던 성격의 명희가 꼼꼼하게 챙기지 못했던 부분들에서다소 낮은 수행평가 점수를 받게 된 것이다. 내가 해줄 수 있었던 것은 속상해하는 엄마의 마음을 읽어주는 일뿐이었다.

"명희 어머님, 명희 5학년 때 성적 아시고 많이 속상하셨겠어요. 이제까지 매번 시험도 잘 보고 항상 잘해왔던 명희였으니까, 더 많이 그러셨겠죠. 하지만 그 성적표 하나로 달라질 건 하나도 없어요. 명희가 이제까지 심한 학업 성적의 기복 없이 잘해온 것은 사실이에요. 국제중학교 입학을 준비하면서 우연히 알게 된 5학년 2학기 성적 때문에 명희의 실력이나 노력들이 사라지는 건 아니에요. 물론 당장은 마음이 속상하고 힘드시겠지만, 명희는 멀리 크게 보셔야 하는 아이라는 것을 잊으면 안 돼요. 명희 인생의 목표는 국제중학교 입학이 아니라는 것을 어머니도 잘 알고 계시잖아요. 전 명희가 국제중학교와 인연이 닿지 않아도 언젠간 크게 될 아이라는 것을 알고 있고, 그렇게 믿고 있답니다. 그러니 크게 염려치 마세요. 다 잘되려고 가는 길에 만난 일이라는 것을 잊지 마세요."

그게 내가 해줄 수 있는 말의 전부였다. 명희 엄마 눈에는 눈물이 그렁그렁 맺혀 이내 흘러내릴 것만 같았다. 내 말에 큰 감동이 있어서라기보다 그냥 힘들었던 엄마의 마음을 읽어준 것만으로도 큰 위안을 받은 것이라 생각한다. 돌아가는 길이 마음이 놓이지 않아 명희 엄마에게 장문의 문자를 보냈다. 정확한 내용은 기억이 나지 않지만 이 말만은 분명히 했던 것으로 기억한다.

"명희 어머니, 멀리 크게 높이 보세요. 명희는 그릇이 큰 아이라는 것을 절대 잊지 마세요."

그해 명희는 국제중학교 서류전형에서 불합격 통보를 받았지만, 그 일로 더 이상 명희 엄마는 실망하거나 상심해하지 않았다. 오히려 더 밝아진 표정의 명희 엄마를 만날 수 있었다. 국제중학교 입학 전형이 다 끝나고 명희 엄마는 내게 찾아와 말했다. 아이를 키워보지 않은 선생님이 엄마 마음을 헤아려 준다는 것이 쉽지 않은 일이라고, 정말 많은 힘이 되었다고 연신 감사의 말을 전했다.

'아이를 키워보지 않았지만 내 아이였다면 난 어땠을까.'라고 생각해 보는 것, 그것이 내가 엄마들에게 보여줄 수 있는 진심이었다. 그리고 그런 나의 진심을 전해 받은 강남 엄마들은 더 크게 돌려주었다. 이렇게 예상치 못한 반가운 손님을 예상치 못한 장소와 시간에서 만날 수 있었던 것도 그러한 진심이 있었기에 가능했던 것이다.

명희 엄마와 운동장에서의 짧은 만남을 한 이후 또 꽤 오랜 시간이 흘렀다. 얼마 전 반가운 문자 메시지를 하나 받았다. 그 명희 엄마로부터 말이다. 문자 메시지에는 명희의 최근 소식이 담겨 있었다. 명희가 그토록 가기를 희망했던 자립형사립고인 00고에 입학을 했다고 말이다. 00고는 인지도가 매우 높은 자립형 사립고로 성적이 우수한 학생만 뽑는 것이 아니라 입학시험에서 학생들의 체력검사를 할 정도로 지덕체가 고르게 우수한 학생을 뽑는 것으로 유명하다.

그 문자를 받아보는 순간 역시 내 눈이 정확했음을 느꼈다.

"보세요. 명희 어머니, 명희는 멀리 크게 보셔야 한다고 했잖아요."

엄마가 앞에 계셨다면 나는 그렇게 이야기하며 엄마를 축하해주었을 것이다.

00고에 입학하지 않았어도 나는 명희의 미래를 기대하며 더 크게 상상하며 꿈꿔주는 선생님으로 남아 있었을 것이다. 하지만 제자가 자신이 원하는 고등학교에 입학을 했다니 더할 나위 없이 뿌듯했다. 그곳에서도 명희는 공부만 하는 아이가 아니라, 자신이 하고 싶은 것을 뭐든 도전하며 즐거움을 만끽할 것이다. 그리고 결국 자신의 꿈을 이뤄낼 것이다. 상상해 본다. 명희가 자신의 꿈을 이루고 나를 찾아오는 행복한 그런 상상을.

명희 엄마가 생각지도 못한 날, 나를 찾아왔던 것처럼 나의 제자도 그렇게 예상치도 못한 날, 예상치 못한 곳에서 나를 찾아오는 날 나는 행복함에 비명을 지를 것이다.

온라인에서 또 다른 강남 엄마들을 만나다

강남으로 시집가려고 강남으로 발령받은 것은 아니었지만, 결혼을 해서도 강남에 살게 되었다. 며느리의 직장과 신혼집이 가까워야 한다고 생각하신 시부모님의 배려 덕분이었다. 작년에 아이까지 출산하면서 이렇게 나도 강남 엄마가 되었다. 아이를 낳아 기르는 일이 처음이다 보니 육아의 세계가 쉽지 않음을 하루가 멀다 하고 뼈저리게 느꼈다. 말 통하는 다 큰 아이들을 상대로 가르치는 것은 어느 정도 자신이 있었지만, 울음과 웃음소리로만 의사표현을 하는 아기를 키우는 것은 보통 일이 아니었다. 난관에 봉착할 때마다 자연스레 미리 가입해둔 육아 맘 카페에 글을 올리며 육아 불안감과 궁금증을 해결해 나갔다. 그 육아 맘 카페는 내가 살고 있는 지역의 엄마들만이 가입할 수 있는 곳이었다. 나름대로 까다로운 회원등급 관리로 비교적 운영이 잘되고 있는 카페였다.

지금 생각해보면 아무것도 아닌 것이었는데 그때 당시에는 혼자 심각해져서 글을 올렸다.

한번은 이런 제목으로 글을 올린 적이 있었다.

'백일 된 아기들 다들 어떤가요? 다들 기적이 찾아오셨는지?'

백일쯤 지나면 밤중에 수유를 하는 것이 사라지게 되고, 아기 돌보기가 훨씬 수월해진다고 해서 '백일의 기적'이라는 말이 있다. 육아 관련 책이나 블로그 등에서 쉽게 그런 이야기들을 접할 수 있었다. 당시 우리 아기는 백일이 갓 지났었다. 그러나 그런 백일의 기적은 오지 않았다.

새벽 2~3시에 분유로 밤중 수유를 해야 했고 나는 몸이 고되어, 이것이 계속 이어지면 어쩌나 불안해졌다. 분명 나는 백일의 기적이 있다고 각종 글에서 보았는데 왜 우리 아기는 백일의 기적이 보이지 않는 건지, 나는 언제까지 잠을 잘 수 없는 것인지 당시는 꽤나 심각한 마음에 글을 올렸던 것이다. 글을 올린 지 얼마 되지 않아 답 글이 달리기 시작했다.

'저희 애가 백일 되었을 때 선배 맘들이 그러더라고요. 백일의 기적은 뻥이라고. 육아를 하는 동안 기적 따윈 없다고.'

'백일까지가 정말 편했던 것 같아요. 절망적인 답변이라 죄송해요. 지금도 낮잠은 안 자고 물건 다 꺼내서 난장판을 쳐서 힘들어요. 근데 표정이 많이 다양해지고 너무 예쁘게 애교를 피워요. 그게 힘이 되네요. 곧 좋아질 거예요. 힘내세요.'

‘저희 막둥이는 두 번 깼던 때가 오히려 잘 자는 거였어요. 두 아이 키우면서 애초부터 그런 기적은 없었네요.’

‘백일의 기적은 잠깐 왔다 가는 거래요.’

‘백일의 기적은 글로만 봤네요. 저희 애들은 세 돌 돼서야 밤에 자기 시작했어요. 힘내세요.’

그 댓글들을 통해 어떤 육아서도 주지 못한 마음의 평화를 얻었고, 위안을 받았다. 부끄럽지만 그 뒤로도 몇 번의 철없는 글을 올렸다. 그런 후에 강남 엄마들도 다 나와 같은 과정을 겪으며 아이들을 쉽지 않게 키우고 있다는 것을 절감하게 되었다. 이제는 더 이상 그런 류의 육아와 관련된 글을 올리지 않는다.

육아는 기다림과 인내의 연속이라는 것, 그런 육아의 지혜를 댓글들을 통해 충분히 배웠기 때문이다. 그렇게 온라인에서의 강남 엄마들은 나에게 육아 선배, 멘토가 되어주었다.

그런 육아 선배, 멘토의 강남 엄마들은 정보를 공유하는 데에도 관대했다. 병원정보나 지역구에서 치러지는 좋은 행사와 관련된 정보 등을 다양하게 올려주기도 한다. 한번은 자고 일어난 아들의 얼굴에 벌겋게 침독이 올라온 적이 있었다. 인터넷 검색으로 효과가 좋아 유명하다는 침독 크림 이름을 알게 되었는데 문제는 그것이 해외 사이트에서 직접 구매를 하거나 구매대행 사이트를 이용해야 한다는 것이다. 기다릴 여유가 없어 급한 마음에 카페에 글을 올렸다.

'OOO 침독 크림 오프라인 매장 어디에서 살 수 있을까요?'

그러자 역시나 실시간으로 댓글이 달리기 시작했다.

'OOO 마트에 있어요. 일요일에 봤어요.'

이어서 이런 댓글도 순식간에 달렸다.

'급한 대로 저희 둘째 쓰고 있는 것 좀 덜어드릴 수 있어요.'

'저 있어요! 오픈 것이긴 하지만 필요하시면 그냥 드릴게요. OO구 쪽이에요. 쪽지나 채팅으로 연락주세요.'

정말 필요했던 정보를 바로 알려주는 것만으로도 충분히 고마웠다. 그런데 귀찮은 일일 수도 있는데 서슴없이 자신이 가지고 있는 것을 나누겠다는 엄마들 때문에 그 카페에 더 무한한 애정을 갖게 되었다. 그 크림 하나 주겠다는 걸로 호들갑이라고 할 수도 있지만 난 마음이 따뜻한 강남 엄마들이 모여 있는 그 공간이 좋았다.

그 뒤로 우리 남편은 육아에 대해 뭔가 궁금한 것이 있으면 카페에 글을 올려보라고 먼저 이야기한다. 우리 남편과 나에게 그 육아 맘 카페는 네이버 지식인에 버금가는 존재가 된 셈이다.

나 같은 초보 엄마들의 이런 육아관련 질문들뿐 아니라 다양한 글들이 하루에도 몇십 개씩 올라온다. 그중에서 또 인상적이었던 것은 벼룩코너에 올라오는 글들이었다. 지혜롭게 벼룩상품들을 구매하는 강남 엄마들의 모습이 인상적이었다.

벼룩게시판에는 아이가 어렸을 때 잠깐 쓰는 육아용품이나 책, 아이들의 옷 등이 주로 올라오고 그 밖에도 나름 브랜드가 있는 옷들과

가방, 생활용품들이 올라오곤 한다. 좋은 물건은 나름 경쟁도 치열해서 댓글 순으로 그 물건을 입양해 갈 수 있는 기회를 갖게 된다. 댓글 순이 밀리면, '줄서요.'라며 앞서서 댓글을 단 사람이 거래를 하지 못했을 경우 자신에게 돌아올 기회를 예약해 두기도 한다.

나도 이 벼룩게시판을 이용해 물건을 입양시켜 본 적 있다. 강남 엄마들 사이에서 입소문 난 분유라며 한 후배가 OOO 분유를 소개시켜 주었다. 힘들게 구매대행 사이트를 통해 몇 주를 기다려 받은 분유였지만 우리 아기에게는 맞지 않았다. 분유 알레르기가 생긴 터라 더 이상 그 분유를 먹일 수 없었다.

애초에 구매해 둔 것뿐 아니라 미리 여유 있게 구비해두려고 주문해 둔 것까지 이미 많은 양의 분유가 집에 굴러다니게 생겼다.

고민 없이 그 카페에 시중가격보다 조금 더 저렴하게 올렸다. 역시나 실시간으로 달리는 댓글들이 달렸고, 그것이 마냥 신기했던 남편은 가격을 너무 낮게 올린 것 아니냐며 농담을 던지기도 했다.

결국 제일 먼저 댓글을 단 한 강남 엄마에게 분유를 팔기로 하고 쪽지로 연락처를 주고받았다. 그 카페는 거래의 투명성을 높이기 위해 직접 물건과 돈을 주고받는 직거래 방식을 원칙으로 하고 있었다. 그런데 당시는 추운 겨울이었고 혼자 아기를 키우는 독립육아를 하고 있던 터라 외출이 쉽지 않았다.

나와 거래(?)를 하기로 했던 강남 엄마는 그런 나를 배려해 직접 우리 집으로 방문해서 가져가겠다고 했다. 정해진 시간에 딱 맞춰 와

분유를 가져가며, 아이 셋을 키운 선배 육아맘으로서 육아와 관련된 깨알 팁까지 남기고 돌아갔다. 기분 좋게 첫 거래가 성사되었고, 그 뒤로도 가끔 나도 필요한 물건이 없는지 벼룩게시판을 자주 둘러보 았다.

그렇게 그 강남 엄마들이 모인 온라인 카페를 이용하면서 느낀 것 은 강남 엄마들은 세심한 관심으로 남들을 다독이며 위로해 줄 줄 아 는 사람들이라는 것이었다. 그리고 경제적인 여유를 마음의 여유로 바꿀 수 있는 지혜로운 엄마들이었다. 설령 경제적 여유가 어느 정도 있는 강남 엄마들이라고 하지만, 올라오는 쿠폰 정보를 챙기며 현명 한 소비를 하는 엄마들이었다. 좀 사는 집안의 며느리들로만 여겨지 던 강남 엄마였지만 실제로 평범한 혹은 그것보다 못한 형편의 시댁 식구들을 챙기며 최선을 다해 사는 며느리들이었다.

뭐든 아이들에게 필요한 것이 있으면 신상 아이템으로 장착해 줄 것 같은 강남 엄마들이었지만 벼룩 코너에 올라오는 유아용품을 얻 기 위해 재빠르게 댓글을 다는 똑순이 엄마들이었다. 잘 나가는 전문 직 남편을 둔 팔자 좋은 강남 엄마들일 것 같지만, 누구보다도 자신 의 일에 최선을 다하며 워킹맘으로의 고충으로 힘들어하는 엄마들 이기도 했다. 조기교육, 사교육을 엄청 시킬 것 같은 극성 강남 엄마 들일 것 같지만, 아이들 교육으로 고민하는 글에 어릴 때일수록 많이 놀게 하라고 조언해주는 엄마들이었다.

그렇게 강남 엄마는 오늘도 일상의 평범한 고민들을 하며 강남에서 살고 있다. 강남 엄마들은 좋은 것은 나눌 줄 아는 엄마들이었고, 힘들어하는 또 다른 강남 엄마들에게 토닥토닥 따뜻한 위로를 해주는 엄마들이었다.

엄마로, 아내로, 며느리로, 직장인으로 오늘도 강남에서 살고 있는 엄마들은 대한민국에서 열심히 사는 엄마들이었다. 오랜만에 카페에 접속해 봐야겠다. 오늘은 또 어떤 강남 엄마들을 온라인에서 만나게 될까? 나도 그곳에서 조언받고 위로받았던 것처럼 다른 또 다른 강남 엄마들에게 응원이 되는 댓글을 남겨야겠다.

2장
내가 만난 강남 엄마는 달랐다

'누구 엄마' 대신 '나'는 누구인가를 고민한다

마지막으로 자신의 이름이 누군가에게 불린 적이 언제인지 기억하는 엄마들은 과연 몇 명이나 될까? 대한민국에서는 여자가 결혼을 하고 아기를 낳으면 자연스레 자신의 이름 대신 '누구 엄마'라는 호칭으로 자주 불리게 된다. 그렇게 시간이 흐를수록 '나'는 희미해지고 '누구 엄마'가 점점 더 분명해지는 삶을 점점 더 살게 된다. 그러면서 자연스레 '내 인생의 중심이 아이에게로 옮겨지고 있구나.' 하고 스스로도 느끼지만 크게 거부하지도 않는다. 오히려 그것을 당연하게 여기지 않으면 왠지 나쁜 엄마가 되는 듯한 죄책감에 사로잡히기도 한다. 과연 '누구 엄마'로 살아야만 좋은 엄마일까?

결혼을 하고 얼마 되지 않아, 임신임을 알게 되었다. 말로만 듣던 허니문 베이비를 갖게 될 줄은 꿈에도 생각하지 못했던 터라 당황도 많이 했지만 반면 기쁨도 매우 컸다. 그렇게 신혼생활을 임신과 함께 시작하면서 나는 새롭지만 낯선 경험을 하게 된다. 바로 '산모님'이라는 호칭을 듣게 된 것이다. 그 말이 처음에는 참으로 어색했다. 맞는 말인데 그 단어가 주는 감사함 이면에는 낯설음이 있었다.

임신을 하게 되면 산부인과에 주기적으로 검진을 하러 가고 그만큼 산모님이라는 말을 자주 듣게 된다. 상황이 그러다 보니 이제는 적응이 될 법도 한데 막달까지도 그 말이 도통 적응이 잘되지 않았다.

출산을 하고 산후조리원으로 옮기니 이제는 '00 어머님'이라는 말을 듣게 된다. 산모님이라는 말이 이제 적응이 되려나 싶을 때 내게는 '00 어머님'이라는 새로운 호칭이 생겼다. 정말 '누구 엄마'로의 삶이 내게도 시작되었구나 생각하니 책임감으로 두 주먹을 불끈 쥐게 되었다. 반면에 본연의 '나'의 삶을 잃지 않을까 순간 불안해지도도 했다.

'누구 엄마'로 사는 일은 매우 감사하고 축복된 일이다. 하지만 '누구 엄마'로만 사는 것과는 분명 다르다고 이야기하고 싶다. 내가 만난 강남 엄마들 중에는 '누구 엄마'로 불리는 것보다 본인들의 이름으로 불리는 것이 어울리는 삶을 살고 있는 엄마들이 많았다. 그런 엄마들의 공통점은 '나'에 대한 고민을 놓치지 않는 것이었다. '나'에 대한 고민을 놓치지 않는다는 것은 무엇일까? 누구 엄마라는 역할에만 함몰되지 않고, 자신을 잃지 않는다는 것이다. 그렇다면 자신을 잃지 않는다는 것은 또 무엇일까? 온전히 '나'에게 집중해서 나는 어떤 사람이고, 무엇을 할 때 행복한 사람인지, 나는 무엇을 좋아하는지 등등 '나에 대한 모든 것'을 생각해보고 고민해 보는 것이라고 말하고 싶다. 이렇게 '나'에 대한 고민을 놓치지 않는 엄마들의 특징에는 몇 가지가 있다.

우선 첫째, 매사 자신이 무엇을 좋아하는지 고민하며, 고민만으로 그치지 않고 그 일을 찾아서 한다는 것이다. 꼭 워킹 맘에 국한된 이야기가 아니다. 즉, 직장을 가지고 있는 엄마인지 아닌지가 중요한 것이 아니다.

자영 엄마가 그 대표적인 예다.

자영 엄마는 전업주부로 두 자매를 키우고 있었지만 손재주가 좋아 뭐든 손으로 만드는 일을 좋아했다. 천연비누를 만드는 일에 푹 빠져 지내기도 했고, 그 뒤로는 재봉틀을 이용해 퀼트 생활용품들을 만들었다. 자영에게 엄마는 늘 뭔가를 하면서 즐거워하며, 자신의 삶을 가꿀 줄 아는 사람의 모습으로 비춰졌다. 그런 엄마의 모습을 매일같이 일상으로 보는 아이들의 학교생활이 어떨지는 말하지 않아도, 보지 않아도 알지 않을까?

자영이는 매우 밝고 긍정적인 아이였다. 무엇보다도 학교생활에 적극적이었다. 어린 나이이지만 자신이 무엇을 좋아하고, 무엇을 잘하는 아이인지 잘 알고 있었다. 그런 자영이의 모습은 엄마를 닮아 있었다. 무엇보다 자영이는 누구보다도 엄마를 사랑하고 존경했다. 엄마가 하는 취미활동에 대해 자영이는 늘 자랑스러워했다.

끊임없이 자신에 대한 고민을 놓치지 않는 엄마들의 두 번째 특징은 바로 아이들에게 큰 집착을 하지 않는다는 것이다. 엄마이기도 하지만 그냥 한 사람으로서의 자신의 삶을 살면서 아이의 삶은 아이의 것이라는 생각을 하는 쿨한 엄마들이었다.

'네 인생 네가 사는 거지 엄마가 대신 살아주는 것 아니야.' 하고 이야기하는 강남 엄마들, 그러나 그들은 절대 방임하지도 않는다. 양육자로서의 엄마 역할을 충분히 하며 책임감 있게 아이들을 돌보지만, 결국 아이가 사는 인생의 중심은 그 아이에게 있다고 이야기하는 엄마들은 무책임하지 않았다. 집착과 방임 사이에서 균형을 잡아 자신의 자리를 지킬 줄 아는 강남 엄마들은 현명한 엄마였다.

가끔 엄마들에게 혹은 후배 교사들에게 아이를 가르치는 것이 연애와 매우 닮았다는 말을 하고는 한다. 누군가를 너무 사랑해서 그 사람의 일에 많은 부분 관여하게 되고 점점 집착하게 되었을 때, 상대는 그것에 어떻게 반응할지 우리는 많은 연애 경험을 통해 예상할 수 있다. 그는 도망갈 것이다. 멀리 멀리.

우리 아이들과의 관계도 똑같다. 사랑해서 더 가까이 모든 것을 다 챙겨주다가 집착하게 되면, 우리 아이들은 엄마마음도 몰라주는 무정한 아이들이 되어 더 멀어져만 간다. 거리의 미학, 우리 아이들과 엄마 사이에도 엄연히 존재한다.

　마지막으로 그러한 엄마들의 공통점에는 누가 봐도 행복해 보이는 여유로운 미소를 늘 지닌다는 것이다. 한 마디로 잘 웃는다. 그래서 참 아름답다. 돈이 많아서 세련된 옷을 입고, 이목구비가 뚜렷해서 아름다운 것이 아니라, 자연스러운 미소가 엄마들을 빛나게 한다. 왜 그렇게 괜찮은 아이들을 두었는지 그들과 대화를 하게 되면 저절로 알게 된다. 그런 엄마들을 보고 있자면 딱 떠오르는 시가 한편 있다. 평소 내가 좋아하는 김춘수의 《꽃》이라는 시다. 그중 일부를 옮겨본다.

　…… 내가 그의 이름을 불러주었을 때
　그는 나에게로 와서 꽃이 되었다.

　내가 그의 이름을 불러준 것처럼
　나의 이 빛깔과 향기에 알맞은
　누가 나의 이름을 불러다오
　그에게로 가서 나도
　그의 꽃이 되고 싶다……

　자신이 누구인지 고민하는 엄마들은 자신의 이름을 당당히 자신이 스스로 불러주면서 꽃이 되었다. 그렇게 자신만의 빛깔과 향기를 유지하며 꽃으로 살고 있다는 생각이 들었다. 그래서 꽃처럼 아름다운 미소를 머금은 얼굴로 그렇게 사는 것 같다. 그 미소가, 웃음이 뭐라고 이렇게 시까지 들먹이며 이야기하나 싶을 수 있겠다. 그러나 웃는 얼굴은 우리의 삶에서 매우 중요하다. 한 책에서 행운의 여신이 좋아하는 아름다운 얼굴은 '나다움'과 '만족'으로 미소를 띤 얼굴이라고 했다. 항상 나에 대해 고민하며 나다움을 갖추고 만족의 대상을 아이가 아닌 자신에게서 찾은 엄마들은 아름답게 웃는다. 그럼으로써 잘 자라나는 아이들을 만나는 행운을 불러들인다.

혜민 스님의 《멈추면, 비로소 보이는 것들》이라는 책의 서문은 '잠깐 멈추고 나를 사랑하는 시간을 가지세요.'라는 문장으로 시작된다. 나는 이렇게 바꿔 말하고 싶다.

"잠깐 '누구 엄마'를 벗고 '나'를 고민하는 시간을 가지세요."라고 말이다. 그리고 스스로를 누구 엄마라는 역할 속에 넣어두고 내가 해야 할 혹은 내가 하고 싶은 진정한 일들을 등한시하지 않았는지 고민해 보았으면 좋다.

'나는 진정 무엇을 하는 사람인가'

'나는 무엇을 좋아하는 사람인가'

'나는 무엇을 할 때 행복한 사람인가'

나에게 계속 질문을 던져보자. 그런 고민을 계속해 나갈수록 우리 아이들과 엄마들 사이에는 서로 숨 쉴 수 있는 '여유'라는 아름다운 공간이 마련될 것이라 생각한다. 그 공간 안에서 엄마도 아이도 행복할 것이라 믿어 의심치 않는다. 오늘도 '나'를 고민하는 엄마들을 응원한다.

선생님에 대한 신뢰를 바탕으로 아이를 교육한다

학교에서 돌아온 아이의 표정이 심상치 않다. 아니나 다를까 가방을 내려놓기 무섭게 담임선생님께 혼이 났다고 이야기한다. 자신은 잘못한 것이 없는데 억울하게 혼이 났다고 말하며 급기야 눈물을 뚝뚝 흘린다. 그런 아이를 앞에 두고 있자니 만감이 교차한다. 짧은 시간 안에 수십 가지의 생각이 오가다 순간 담임선생님께 전화를 드려볼까 말까 고민하게 된다. 귀한 내 자식이 눈물까지 보이며 억울하다고 이야기하는 상황에서 냉정함을 찾기란 쉽지 않다. 과연 이 엄마는 어떤 선택을 하게 될까?

다양한 반응이 있을 수 있겠지만, 분명한 것은 평소 담임선생님에 대한 신뢰도에 따라 엄마의 행동은 확연히 달라질 수 있다는 것이다. 담임선생님에 대한 신뢰가 있든 없든 모두 전화를 걸어 어떤 상황이 었는지 이야기를 들을 수도 있다. 하지만 담임선생님에 대한 이야기를 받아들이는 정도는 조금씩 차이가 날 수 있다. 담임선생님을 신뢰하는 정도에 따라서 말이다.

이렇듯 선생님에 대한 신뢰는 아이의 학교생활의 이해에 많은 영향을 미치기 때문에 매우 중요하다. 같은 이야기를 들어도 그 신뢰도의 문제 때문에 있던 오해가 풀리기도 하고 없던 오해가 생기기도 하는 것이다.

또한 담임선생님에 대한 신뢰는 아이가 학교생활을 즐겁게 하느냐 못하느냐에 많은 영향을 끼친다. 엄마가 담임선생님에 대해 신뢰를 갖고 긍정적인 표현을 아이 앞에서 많이 하는 것과 그 반대로 부정적인 표현을 많이 하는 것은 확연하게 다른 영향을 아이에게 미치는 것이다.

평소 엄마가 담임선생님에 대한 존경과 신뢰의 말을 하는 것을 자주 듣는 아이는 선생님을 존경하고 신뢰하게 된다. 그만큼 학교생활도 충실히 하려고 노력하며, 선생님 말씀에 귀를 잘 기울이며 지낸다. 하지만 그와 반대되는 경우라면 아이는 담임선생님에 대해 불신의 마음을 갖게 된다. 그것은 아이가 학교생활을 즐겁게 하는데 있어 큰 방해물로 작용된다. 결국 누구보다도 아이가 힘들어지는 상황이 벌어진다. 현명한 강남 엄마들은 이 점을 잘 알고 있다. 그래서 어떤 일이 있어도 아이들 앞에서는 좀처럼 선생님 흉을 잘 보지 않는다.

종종 아이들 입으로부터 듣는 이야기를 통해 엄마들이 담임교사에게 갖고 있는 신뢰도가 어느 정도인지 가늠할 수 있다. 아이들의 입을 통해 종종 이런 말을 들을 때가 있었다.

"선생님, 우리 엄마가 선생님은 정말 훌륭한 분이시래요."

"엄마가 선생님은 좋은 선생님이라고, 전 선생님 복이 많은 아이라고 하셨어요."

선생님에게 누구보다도 까다로운 시선을 가지고 있을 것 같은 강남 엄마지만, 내가 만난 강남 엄마는 아이들에게 선생님을 존경하는 마음을 갖도록 지도하는 지혜로운 엄마들에 가까웠다.

서두에서 언급한 바와 같이 엄마가 교사에게 갖는 신뢰도는 아이에게도 교사에게도 지대한 영향을 미친다. 그래서 나는 아이들과의 관계뿐 아니라 교사와 학부모 사이의 관계를 매우 중요하게 생각했다. 교사와 학부모 사이에 '신뢰'를 쌓는 일은 수업만큼이나 중요한 부분을 차지했다. 그러한 연유로 학부모 총회에 많은 엄마들을 최대한 초대하려고 노력했고, 매월 담임선생님 편지를 띄우곤 했다. 이것은 내가 처음 교직에 들어섰을 때부터 10년 동안 계속 이어진 나만의 학급경영 방식이었다.

그렇게 주고받는 편지 속에서도 많은 강남 엄마들의 신뢰를 느낄 수 있었다. 엄마들로부터 받는 답장은 모두 차곡차곡 모아 보관해 두었다. 그간 모아둔 답장만 해도 그 양이 제법 많다.

"선생님의 수고에 늘 감사드리며, 항상 신뢰하고 응원 드립니다.

민아가 선생님 반이 된 것을 큰 행운이라고 생각한답니다. 감사드립니다."

"정훈이의 요즘 표정을 보면 즐거움이 가득 보입니다. 책임감도 더 강해졌어요. 새 학기에 했던 저의 걱정들을 선생님께서 사랑과 믿음으로 없애 주셨어요. 정훈이가 학교에 너무나도 즐거운 마음으로 간다는 사실만으로도 너무 기쁘고 선생님께 감사드립니다. 아이들을 향한 선생님의 무한한 사랑과 노력이 너무나도 많이 느껴집니다. 선생님을 만나게 되어서 정훈이가 참으로 행복한 아이라는 생각이 듭니다."

"단어 하나하나가 얼마나 선생님께서 아이들을 위해 고민하고 생각하고 애정을 가지시는지 충분히 느낄 수 있는 편지랍니다. 감사의 마음을 표현 잘 못 하는 제가 속상합니다. 마음은 선생님 응원단의 단장이랍니다."

"Memory… 우연히 라디오에서 흘러나오는 노래를 들으며 한수야, 이 곡 엄마가 제일 좋아하는 거야 했더니 한수가 음을 흥얼거리며 '엄마, 담임선생님이 뮤지컬 캣츠에 나오는 곳이라고 들려주셨어요.'라고 하네요. 한수 형의 임신 중이었던 것 같은데 그때 캣츠 공연을 보았고 Memory…가 흘러나오는 장면에서 눈시울이 뜨거워졌었습니다. 한수의 이야기에 선생님께서 한수와 저와의 행복한 추억의 공감대를 한 줄 더 만들어 주셨구나 생각이 들었어요. 아마도 한수는 어디선가 Memory…를 듣게 된다면 평생 선생님을 떠올리게 될 것입니다. 지금처럼 행복하게 말이죠……. 감사합니다. 선생님, 그리고 사랑합니다.”

　이따금씩 이런 답장들을 꺼내 읽었다. 그 속에서 느껴지는 엄마들의 마음, 나에 대한 신뢰에 항상 마음이 든든했다. 그래서 힘이 났다.
　한번은 이런 적이 있었다. 급하게 어떤 공적인 일로 한 아이의 엄마에게 연락할 일이 생겼었다. 마침 교과 선생님께서 수업하는 시간이어서 아이의 엄마에게 문자로 전해야 하는 용무를 남겼었다. 순간 보내놓고 나니 수업시간에 문자를 보내는 것으로 오해하지 않을까 괜한 신경이 쓰였다. 그래서 바로 교과시간을 이용해 보낸 것이라고 문자를 덧붙여 남겼다. 돌아온 문자에는 이런 문장이 담겨 있었다.
　“선생님에 대한 신뢰는 이미 충분히 가지고 있어요. 그런 것 하나하나 설명하지 않아도 되세요. 이미 알고 있고 믿고 있답니다.”
　문자를 받고 나니 나의 괜한 소심한 오버에 민망해졌다. 하지만 나를 믿어주는 학부모가 있다는 사실에 흐뭇한 기분이 들었다.
　학교에서 아이들을 가르치다 보면 눈 깜짝할 사이에 크고 작은 사건들이 벌어지게 된다. 학교에서 어떤 일이 벌어졌을 때 교사들은 그 일을 최대한 객관적으로 전달하기 위해 그 일과 관련된 정보를 다양한 방법으로 수집한다. 어느 한 명의 입장만 들어주거나 편파적인 시선을 갖지 않으려고 노력하는 것이다. 그러한 선생님의 노력을 잘 알아주는 엄마들이 이 세상에 많았으면 좋겠다.

엄마가 교사를 신뢰하는 만큼 아이가 선생님을 신뢰한다. 아이가 선생님을 신뢰하는 만큼 학교생활에 충실해진다. 그것은 변하지 않는 법칙이다. 교사를 신뢰하지 않는 엄마 밑에서 자라는 아이가 학교생활을 열심히 그리고 즐겁게 하는 경우를 보지 못했다. 선생님에 대한 신뢰를 가지는 일은 누구보다도 내 아이를 위한 일임을 알았으면 한다.

엄마의 희생 대신 미래의 희망을 보여준다

어린 아들을 안고 사비나 콜로레도의 '아가야 사랑해'라는 그림책을 읽어주다가 코끝이 찡해진다. 임신과 출산을 경험한 후로 호르몬의 영향인지 전보다 눈물을 쉽게 흘리는 사람이 된 탓도 있겠지만, 그림책의 짧은 글들이 이 엄마의 감수성을 자극한다.

새끼 큰부리새가 엄마에게 묻는다.

"엄마, 엄마! 내가 구름이 되면 엄마는 뭐가 되고 싶으세요?"

이내 엄마는 바람이 되어 새끼 큰부리새가 둥실둥실 날도록 해줄 거라고 대답한다. 새끼 큰부리새는 계속 묻는다.

"내가 만약 흑표범이면요?"

엄마는 깜깜한 밤을 비추는 달님이 되어 새끼 큰부리새를 무섭지 않게 지켜 준다고 말한다. 마지막으로 큰 부리새가 묻는다.

"내가 만약 엄마 큰부리새면요?"

엄마는 이렇게 대답한다.

"엄마는 새끼 큰부리새가 되어 늘 너와 함께 있을 거야."

마지막 문장까지 읽어주며 새끼 큰부리새가 포근한 엄마 품에 안겨 새근새근 잠이 드는 그림을 보여주는데 마치 그 모습이 나와 우리 아들의 모습인 것만 같아 이내 눈가가 촉촉이 젖었다. 그런데 문득 '엄마라면 정말 다 그렇게 해야 하는 걸까?' 하고 생각하니 덜컥 겁이 나기도 한다. 엄마 큰부리새는 그냥 엄마 큰부리새를 하면 안 되는 걸까?

우리 엄마들은 매일같이 사랑한다고 눈으로 입으로 말하지만, 때로는 엄마의 삶 자체로 얼마나 그들을 사랑하는지 보여주기도 한다. 많은 엄마들이 엄마의 인생을 우리 아이들에게 온전히 맞추기 위해서는 '희생'을 감수해야 한다고 생각한다. 그러한 삶의 대표적인 예가 우리가 흔히 알고 있는 '헬리콥터 맘'이 아닐까 싶다.

한 웹 사이트의 백과사전은 '헬리콥터 맘'을 다음과 같이 설명하고 있다.

'자녀의 일, 특히 교육과 관련된 문제에 지나치게 관여하는 엄마를 헬리콥터 맘이라고 한다. 마치 헬리콥터처럼 자녀 주변을 빙빙 돌며 자녀를 과잉보호하기 때문에 생긴 말로, 1990년 정신과 의사 포스터 W. 클라인(Foster W. Cline)과 자녀교육 전문가 짐 페이(Jim Fay)가 펴낸 〈사랑과 논리로 키우기: 아이들에게 책임감을 가르치는 법

Parenting with Love and Logic:Teaching Children Responsibility〉이라는 책에서 비롯되었다.

이들은 자녀가 성인이 되어서까지 일일이 챙기며 통제하고 간섭한다. 초등학교 때는 학교에 수시로 연락하며 학교 일과 숙제는 물론 교우관계까지 챙기고, 중·고등학교 때는 학교성적과 입시문제, 대학에서는 수강신청과 학점 문제에도 관여한다. 대학졸업 후에는 취업을 알아봐주고, 결혼상대자를 알아보는 일까지 적극적으로 나서기도 한다.'

글을 읽는데 엄마의 보통 희생이 아니면 불가능한 일로 보인다. 평생을 아이의 인생에 관여해서 수많은 선택과 결정들을 대신 해주는 엄마의 삶, 상상만 해도 아찔한 삶이다.

헬리콥터 맘의 희생은 진정한 사랑일까? 엄마는 아이를 사랑했기 때문에 자신의 삶을 희생해서 그렇게 살았다고 하지만, 아이도 과연 그렇게 생각해 줄지가 의문이다. 엄마에게는 희생이었는데 아이에게는 구속이었던 것은 아닐지 한번쯤 생각해봐야 하는 것이다. 그렇다면 헬리콥터 맘의 희생은 아이에게 진짜 사랑이 아닐 가능성이 크다. 엄마는 엄마대로 희생한 삶을 살았다고 하지만, 아이는 아이대로 힘들었다고 말한다면 이 희생은 진정 누굴 위한 희생이었던가? 엄마에게도 아이에게도 환영받지 못할 이 희생은 어쩌면 엄마만의 자기만족이 아닐까 싶다. 엄마가 결국 '희생'이라는 명분을 걸고 아이를 통해 대리 만족을 느끼고자 하는 것이 아닌지 냉정하게 생각해볼 필요가 있다.

재미난 것은 '헬리콥터 맘'을 치면 연관 검색어에 '강남 극성엄마'가 함께 뜬다. 하지만 내가 만나 본 많은 강남 엄마들은 자신의 삶을 희생하는 대신 아이들을 기르는 것 자체를 즐기며, 자신의 삶 자체가 아이들에게 새로운 희망이 되어준 그런 엄마들이었다. 그들은 엄마라면 누구나 해야 하는 조금은 피곤하고 힘든 엄마노릇을 기꺼이 즐겁게 받아들이는 엄마들이었다. 엄마가 되면서부터 겪게 되는 변화들을 아주 자연스럽게 받아들이며 '희생' 대신 '감수'하는 삶을 살았다. 거기에 그치지 않고 자신의 삶을 적극적으로 살아가며 그 삶 자체로 아이들에게 삶의 희망을 보여주는 그런 엄마들이었다.

그중에서 가장 기억에 남는 엄마가 있다. 한눈에 들어오는 뛰어난 미모를 지닌, 고운 피부가 인상적이었던 성주 엄마.

성주 엄마는 성악을 전공한 사람이었다. 음악과 관련한 TV 프로그램에도 출현했던 나름 유명인이었던 성주 엄마는 두 아이를 키우며 자신의 일을 꾸준히 해 나가는 엄마였다. 그리고 자폐가 있는 아이를 기르는 엄마이기도 했다. 내가 담임을 맡은 성주는 둘째 아들이었고, 첫째 아이에게 자폐가 있었다.

자폐는 아이와의 상호작용이나 교감이 힘들기 때문에 보통 사람이 상상하기 쉽지 않을 정도로 엄마의 역할이 힘들다. 그럼에도 불구하고 성주 엄마는 아주 담담하고 씩씩하게 그 역할을 해나가고 있었다.

"우리 첫째 아이가 남들과 달라서 힘들지 않으냐고 묻곤 하는데, 저는 모든 것을 다 감사히 받아들이고 있어요. 그래서 다른 사람들이 생각하는 것보다 힘들지 않아요. 대신 성주가 그런 형을 둬서 좀 힘 들어하면 어쩌나 하고 걱정이 되는 건 좀 있어요."

성주는 엄마의 걱정과는 달리 형에 대한 각별한 사랑을 자주 일기 장에 적곤 했다. 형이 자신의 물건을 던져서 망가뜨린 일에도 원망보 다는 자신이 잘 챙기지 못해서 생긴 일이라고 말하던 성주.

성주 엄마는 아이를 기르는 일이 남들보다 조금은 더 힘들 수 있는 상황이었지만, 누구보다도 감사한 마음으로 아이를 기르고 있었다. 성주를 보면 그런 엄마의 모습이 스쳤다.

성주 엄마는 아이를 돌보는 일과 함께 자신의 일에서도 전문성을 더욱 더 키우는 일에도 열심이었다. 해외 공연이 있을 때면 아이에게 엄마가 어떤 일로 자리를 잠시 비우는지 항상 이야기 해주었고 그런 이야기를 들으며 성주도 자신의 꿈을 키워갔다. 성주 역시 음악을 하 고 싶어 했다. 언젠간 두 모자가 한 무대에 서는 날이 분명 있을 거라 자신한다. 누구보다도 즐겁게 두 아이를 기르는 엄마의 모습을 보여 주던 성주 엄마, 자신의 삶 자체로 아이에게 미래의 희망을 보여주는 엄마의 모습을 보고 자라는 성주, 두 모자가 무대 위에서 펼칠 음악 의 향연, 상상만 해도 즐겁다.

성주 엄마 이 외에도 자신의 삶을 희생하는 대신 아이들에게 희망을 보여주던 엄마들이 많았다. 내가 만난 강남 엄마는 희생보다 감사히 받아들이는 감수를 선택했다. 그런 엄마들은 많은 것을 감사히 여기며 자신의 삶을 당당하고 멋지게 살아가고 있었다. 엄마로서의 삶과 온전한 자신 자체의 삶을 균형 있게 맞춰가며 희생이라는 명목하게 그 어떤 대가도 요구하지 않았다.

다시 처음의 질문으로 돌아가 보자. 엄마 큰부리새는 그냥 엄마 큰부리새를 하면 안 되는 걸까? 엄마 큰부리새는 새끼 큰부리새가 구름이 되든지 흑표범이 되든지 엄마 큰부리새로 살면서 새끼 큰부리새를 가장 사랑할 수 있는 방법을 찾아 그렇게 해주겠다고 하면 된다. 새끼 큰부리새가 진정 원하는 바도 그것일지 모른다. 엄마 큰부리새가 엄마의 삶을 열심히 개척하며 살아가는 모습을 보여주는 것 자체가 새끼 큰부리새에게는 새로운 삶의 희망으로 비춰질 것이다.

아이를 위해 희생하는 삶을 살지 말자. 아니 좀 더 정확히 말하자면 아이를 위해 희생한다고 생각하는 삶을 살지 말자.

"내가 누구 때문에 이러고 사는데 그것도 모르고 네가 나한테 감히 그럴 수 있어?"

드라마에서 흔히 들을 수 있는 이런 대사를 읊는 엄마가 되지 말자. 그 누구도 엄마의 희생을 원하지 않는다. 엄마의 희생을 요구하지 않는다 말이다. 엄마라서 아이를 위해 희생하는 것이 아니라 엄마라서 아이들로 인해 생기는 행복함에 감사하자. 그 감사함을 아이들에게 멋진 미래의 희망을 보여주는 것으로 다시 되돌려주기를 바란

다. 그것으로 충분하다. 희생할 필요 없이 엄마의 삶을 희망차게 사
는 것이다. 아이가 진정 원하는 것은 바로 그것이다.

사이좋은 부부 중심으로 살면서 아이를 교육한다

교직에 있다고 하면 흔히들 묻는 질문이 어떻게 하면 아이를 잘 키울 수 있느냐는 것이다. 그 질문의 답은 쉽게 하나로 정리될 수 없지만, 잘 크는 아이들의 공통점은 이야기할 수 있을 것 같다. '잘 크는 아이'의 정의는 사람마다 다 다를 수 있지만, 여기서는 심신이 건강한 아이로 학습의욕도 높은 아이 정도로 해두자. 그런 아이들의 공통점은 무엇일까? 그런 아이들은 바로 건강한 부부 사이, 화목한 가정에서 속에서 자란다는 것을 첫째로 꼽고 싶다.

볼일이 있어서 은행에 잠시 들렀을 때의 일이다. 창구에서 상담을 해준 직원은 내가 학교 선생인 것을 알고 몇 가지를 물어왔다. 그 직원 또한 강남에 살면서 아이를 키우고 있다고 했다.

"어릴 때부터 정말 영어니 뭐니 이것저것 많이 해야 하는 건가요? 집에만 가면 집사람이 제가 퇴근하기를 기다렸다가 이거 시켜야 한다, 저거 시켜야 한다, 말이 많아요. 꼭 그렇게까지 해야 하는 건지……. 들어주기는 하는데 도통 동의를 할 수 없는 이야기들도 많아서요."

당장 아이의 교육을 위해 결정해야 할 것이 많은 엄마는 남편이 퇴근할 시간만 기다릴 정도로 마음이 급하다. 그런 아내를 보는 남편의 마음은 편하지만은 않다. 꼭 강남이 아니더라도 흔히 아이를 키우는 집에서 볼 수 있는 광경이다. 자칫 아이의 교육문제를 두고 이야기하다가 부부 사이의 감정싸움으로 번지는 경우도 흔하다. 그 직원의 말을 듣고 나는 짧은 답변을 해주었다.

"두 분이 잘사시는 모습을 보여주기만 해도 아이는 잘 클 수 있어요."

그 직원은 "결국 제 탓이네요." 하고 농담 섞인 말을 하며 웃었다. 그런데 정말 아이가 잘 크려면 엄마, 아빠가 어떤 사이냐가 정말 중요하다. 나중에 아이에게 '탓'하는 소리만 들을 것인지, '덕'이라는 소리를 들을지는 여기서 판가름 난다. 아이들 앞에서 사이좋은 부부의 모습을 보이며 아이를 키우는 것, 이것만큼 중요한 것도 없다.

단언컨대 내가 만난 정말 괜찮은 아이들, 다시 말해 인성과 지성을 두루 갖춘 아이들은 모두 화목한 가정 안에서 자라는 아이들이었다. 정말 비켜간 적이 없다. 부부 사이가 좋고 가족 분위기가 화기애애한 가정에서 자라는 아이들은 구김살이 없고 매우 긍정적이다. 그러다 보니 학습에 대한 의욕도 높고 잘하든 못하든 주어진 일에 열심히 하는 아이들이 많다. 그 아이들의 글이나 평소 하는 말을 들어보면, 정말 사랑이 넘치는 가정 안에서 아이가 안정된 생활을 하고 있다는 것을 느낄 수 있다.

지혜도 그러한 가정 속에서 자란 아이였다. 방학 때면 아이의 일기장은 가족들과 함께 보낸 즐거웠던 시간들로 가득 채워져 있었다. 소소하게 가족이 치킨을 시켜 먹은 일도 지혜에게는 그 어떤 사건보다도 의미 있고 소중한 순간들로 일기장에 기록되어 있다. 한강에 가서 온 가족이 돗자리를 펴고 드러누워 시원한 강바람을 맞으며 놀았던 일에 대해 적은 지혜의 일기장 내용이 아직도 기억 속에 남아 있다. 지혜의 일상은 행복한 가족에서도 누구보다도 편안했다. 그런 지혜는 학교에서도 안정적인 생활을 했다. 이 외에도 학교생활을 해 내는 아이들 뒤에는 항상 사이좋은 엄마 아빠가 있었다는 것을 수없이 보게 된다.

반대로 부부 사이가 원만하지 않은 가정에서 자라는 아이는 어떨까?

영수는 공부를 썩 잘하는 아이였다. 어떤 문제를 풀 때 보면 다른 아이들과 다르게 세심하게 분석하는 모습을 볼 수 있었다. 그런데 영수는 종종 그러한 성격과는 사뭇 다른 모습으로 수업을 들을 때가 많았다. '멍'하니 정신을 놓고 있는 모습이 자주 보였고, 한동안은 그렇게 멍 때리는 시간이 길어지기도 했다. 평소보다 그러한 모습이 자주 보이기에 내심 걱정이 되기도 했다. 그러던 어느 날, 영수는 학교에 등교하지 않았다. 집으로 전화해도 연락이 닿지 않았다.

힘들게 연락이 닿은 영수 아빠와 이야기를 나누게 되었다. 알고 보니 부부 사이의 불화가 끊임없이 이어져오고 있었고, 전날도 큰 부부 싸움이 있었다고 한다. 정신적으로 많이 힘들어한 엄마는 아이를 학교를 등교시키지 않기로 선택했고, 영수는 내게 종종 '보고 싶다.'는 문자를 남길 뿐이었다. 많이 안타까웠다. 아이가 학교에는 등교를 해야 하지 않겠느냐며 영수 엄마, 아빠에게 연락을 시도하고 설득했지만 번번이 실패했다. 얼마 후 학교로 돌아온 영수는 겉으로는 잘 지내는 듯 보였지만, 수업시간에 멍 때리는 모습을 보일 때마다 내 마음이 편치 않았다.

부부 사이가 좋지 않은 불안정한 가정 속에서는 아이가 가진 능력을 절대로 온전히 발휘할 수 없다. 아이는 정서적으로 매우 위축되며, 불안해지기 때문이다. 부부 사이의 갈등을 지속적으로 꾸준히 옆에서 보게 되는 아이는 자신의 감정을 조절하는 능력도 현저하게 떨어진다. 쉽게 상처받고, 쉽게 흥분하고, 쉽게 화를 내는 아이로 자라게 되는 것이다.

그렇다면 부부 중심으로 살면서 화목한 가정 안에서 아이를 키우려면 어떻게 해야 할까?

이 질문에 우선, 엄마 아빠들에게 서로를 자녀교육의 베스트 파트

너로 인정하라고 이야기하고 싶다. 이를 위해서 아빠가 무관심한 것이 도와주는 것이라는 생각부터 바꾸자. 무엇이든 서로 상의하도록 한다. 아이들 앞에서 엄마가 아빠를 존중하는 모습을 보이는 것은 아주 중요하다. 서로의 의견을 존중하고, 서로의 말에 귀 기울이자.

그러기 위해서 부부가 서로 절대 해서는 안 되는 말이 있다. 우선 엄마는 이런 말을 삼가해야 한다.

"당신이 뭘 몰라서 그래요. 요즘 애들은 그렇게 시키지 않으면 뒤처진다고요."

아빠가 정말 뭘 몰라서 그런 아빠이든, 뭘 잘 아는 아빠이든 이 말을 들은 아빠는 앞으로 입을 열려고 들지 않을 것이다. 절대 그러한 불상사가 벌어져서는 안 된다. 아빠도 함께 아이의 교육에 관해 고민하고 의견을 내놓을 수 있어야 한다. 엄마가 보지 못하는 부분을 우리 아빠들이 볼 수 있다. 또 엄마가 아이들에게 해줄 수 없는 부분을 아빠가 해주는 부분이 아주 많다.

반대로 아빠가 엄마에게 해서는 안 되는 말이 있다.

"집안에서 애들 하나 제대로 못 키우고 엄마가 돼서 하는 일이 뭐가 있어?"

이 말에 많은 엄마들이 피눈물을 쏟아낸다. 억장이 무너지는 소리가 들린다. '애를 혼자만 낳았나?'라는 말이 절로 나온다. 함께 낳은 자식 일을 누구 한 명의 몫이나 책임으로 돌리지 말자. 엄마 혼자 바동거리며 아이를 교육한다는 것은 그리 쉬운 문제가 아니다.

아빠들이여, 아이의 교육에 동참하자. 많은 아빠들이 놓치는 '아빠 효과'는 아주 많다. 아들, 딸과 함께 운동을 하며 아이들의 사회성을 길러주는 것, 아들, 딸에게 건강한 심신을 갈고 닦는 것 또한 모두 아빠만이 해줄 수 있는 것이다. '백지장도 맞들면 낫다'라는 말은 아이들의 교육 문제에서도 해당된다. 아내는 남편과 함께, 남편은 아내와 함께 교육에 대한 의견은 나누고 마음은 모으자.

둘째, 자녀 앞에서는 절대 싸우는 모습을 보여주지 말자. 알고 있다. 말처럼 쉽지 않다는 것을. 하지만 절대로 아이들 앞에서 싸워서는 안 된다. 사이가 좋은(?) 편인 나와 남편은 평소처럼 저녁상에서 이런저런 대화를 하고 있었다. 서로 장난을 치며 이런저런 이야기를 하고 있는데 갑자기 아기가 큰 소리로 '으앙' 하고 울고 말았다. 추측하건데 아기는 아마도 흥분해서 목소리가 커진 것에 뭔가 두려움을 느낀 것 같았다. 그런 아기의 모습을 본 시어머님께서는 "너흰 애들 앞에서 부부싸움도 못 하겠다."라고 말씀하셨다.

정말 그래야 한다. 이 어린 아기도 엄마, 아빠가 하는 말소리의 변화를 읽어낼 줄 아는데 말귀 다 알아듣는 아이들은 부모가 하는 이야기에 얼마나 많은 것을 느끼고 알 수 있을까 싶다. 나 또한 다시 다짐해 본다. 절대 아이 앞에서 싸우는 모습을 보이지 말아야겠다고 말이다. 이 글을 읽는 엄마, 아빠들에게 힘주어 말하고 싶다. 아이들 앞에서 싸우지 말자.

셋째, 우리 가족만의 문화를 만들어보자. 가족이 늘 함께하는 어떤 행사를 만들어 보는 것이다. 가족회의를 주기적으로 하는 습관을 들이자. 그 회의에서 가족이 함께 오랫동안 문화로 자리 잡을 수 있는 함께할 거리를 만들어보자. 예를 들면 매월 넷째 주 토요일은 가족이 모두 심야영화를 보기로 하는 것, 일주일 중 하루는 꼭 가족이 함께 저녁을 만들어 먹고 보드게임을 하는 것, 혹은 감사 일기장을 식탁에 두고 지나갈 때마다 그곳에 하루 중 가장 감사했던 일을 적는 것 등등 그 어떤 것도 좋다. 우리 가족만의 고유한 문화를 만들어 그것을 우리 가족의 자랑거리로 삼아보자. 그러한 가족 행사는 그 어떤 비싼 선물보다도 아이에게 가족애와 만족감을 안겨줄 수 있다.

나이가 들면 부부만 남는다는 어른들의 말씀을 귀담아 들을 필요가 있다. 품안의 자식이라는 말이 있듯이 아이들은 자라면 곧 부모를 떠나게 된다. 결국 남는 것은 부부이다.

사이좋은 부부로 살면서 아이들에게 좋은 어른의 롤 모델이 되어주자. 그런 모습을 보고 자란 아이들은 심신이 건강한 아이로 자랄 수밖에 없다. 또 그런 아이들은 자라서 건강한 가정을 이룰 것이다.

아이가 잘 크기를 바라는가? 그렇다면 오늘부터 아이가 아닌 남편을 먼저 챙기는 아내가 되어보자. 아빠들도 아이의 교육문제를 아내에게만 맡겨두지 말고 적극적으로 동참해야 한다. 그런 엄마 아빠의 모습을 보는 아이들은 저절로 행복해질 것이다.

부부가 함께 낳은 아이, 사이좋은 부부가 함께 기르는 것임을 잊지
말았으면 한다.

시시각각 변하는 교육정보와 트렌드에 연연하지 않는다

인터넷이 각 가정에 보급되면서 우리는 정보의 홍수 속에 살고 있다. 클릭 몇 번으로 원하는 정보의 키워드를 치면 다양한 정보들이 가득 검색된다. 연관 검색어까지 합치면 한두 번의 클릭으로 얻어지는 정보의 양은 엄청나다. 그중에도 엄마들의 최대 관심사는 바로 교육정보가 아닐까 싶다. 그러한 교육 정보 사냥을 더욱 손쉽게 가능하게 한 것이 바로 스마트폰이다.

최근 각 교육 기관과 기업들은 엄마들이 늘 손에 쥐고 다니는 스마트폰을 통해 다양한 교육정보와 교육의 트렌드를 읽을 수 있는 자료들을 발 빠르게 제공하고 있다. 트위터, 페이스북, 카카오스토리 같은 SNS(Social Networking Services)로 전해지는 교육 정보와 트렌드 기사는 마음만 먹으면 수십 개부터 수백 개까지 원하는 대로 얻을 수 있다.

'초등학생 전 과목 성적 향상을 위한 비법 공개,' '겨울방학 대비 공부법 세미나,' ' 숨어 있는 입시전략,' '2016 수시 대비 맞춤 학습 전략' 등의 다양한 교육 트렌드가 담긴 기사의 제목들을 보고 있자니, 엄마가 이런저런 것을 다 챙겨 가려면 숨이 가쁠 것 같다는 생각이 들었다.

초등학생을 둔 엄마는 그 엄마대로, 중학생을 둔 엄마는 또 그 엄마대로, 고등학생을 키우는 엄마는 그 엄마대로, 엄마라면 알아둬야 할 것 같은 많은 교육정보들을 수집한다. 또 뒤처지면 안 될 것 같은 교육 트렌드를 읽어내기 위해 애쓴다.

우리 엄마들은 오늘도 바쁜 하루를 보냈을 것이다. 하지만 그러한 정보를 듣고 난 후가 어쩌면 더 바빠질 수도 있다. 얻은 갖가지 정보를 가지고 이런저런 고민이 이어질 것이며, 어떤 선택을 해야 할 것인지로 머리가 아프기 시작한다. 문제는 이러한 일이 한 번으로 끝나는 것이 아니라 계속 이어진다는 것이다.

대한민국에서 아이 한 명을 교육시킨다는 것은 여간 어려운 일이 아니다. 엄마에게 요구되는 능력이 너무나 많은 이곳, 대한민국은 엄마들에게 녹록치 않은 곳이다. 나 또한 교사로 살아온 삶 속에서 그러한 엄마들의 고충을 가까이서 지켜보았다. 그래서 엄마가 되기 전부터 가르치는 선생님의 교육관뿐 아니라, 엄마로서의 교육관을 더 확고히 해야 함을 느꼈다.

시도 때도 없이 변화는 갖가지 교육정보와 트렌드에 자칫 하면 엄마가 압사(?)당할 수 있음을 너무나 잘 알았기 때문이었다. 그래서 나의 교육관과 맞는 가치관을 가진 엄마들의 자녀교육방식을 유심히 잘 관찰하기 시작했다. 그들이 가진 엄마로서 갖고 있는 교육관은 어떤 배울 점이 있을까? 바른 인성에 높은 학습 의욕으로 학업 성취도가 높은 아이들을 기르고 있는 엄마들은 어떤 특징을 가지고 있었을까?

그들은 시시각각 변화는 교육정보나 트렌드에 연연하지 않는 의연함을 가진 엄마들이었다.

대치동 학원가에는 다양한 입시 설명회나 세미나들이 자주 열린다. 또 교육 분야의 다양한 컨설턴트들을 어렵지 않게 만나볼 수 있다. 그러한 기회가 많이 있다 보니 많은 엄마들이 대치동 입성을 하고자 하는 것일지도 모르겠다. 하지만 실제로 강남에서 살면서 그러한 기회들을 의도적으로 누리지 않는 엄마들도 많다.

강남 엄마들 중에 어릴 때부터 강남에서 살아왔고, 결혼을 해서도 강남에서 살고 있는 일명 강남 토박이 엄마들이 꽤 많다. 그런데 이러한 엄마들일수록 이러한 강남 8학군에 대한 기대가 크지 않다. 다시 말해 꼭 강남 8학원에서 아이를 기른다고 해서 꼭 아이가 크게 공부를 잘해 좋은 대학을 갈 수 있을 것이라고 기대하지 않는다. 더불어 대치동 학원가에 거는 기대도 크지 않다. 오히려 지나친 대치동 학원가의 붐에 우려의 눈빛을 보내기도 한다.

그들은 자신들이 어릴 때부터 자라온 동네의 아련한 추억을 떠올리며, 그렇게까지 하지 않아도 원래 공부할 아이는 공부를 하게 되어 있고, 안 할 아이들은 뭘 해도 안 한다고 이야기하는 대범한 엄마들이었다.

서울대 합격자들의 출신 지역을 분석한 자료들이 뉴스나 보고서를 통해 엄마들에게 전해지는 경우가 종종 있다. 정확한 수치를 떠나서 한눈에 보아도 강남권과 비강남권의 합격자 수가 현저하게 차이나는 것을 알게 된 엄마들은 동요되기 시작한다. 객관적인 자료들이 강남지역의 명문대 합격률이 높다고 이야기하니 그럴 수밖에 없다. 그러면서 그러한 결과가 대치동 학원가의 위력에서 나온 것이라고 판단한다. 그러다 보니 무리한 강남입성을 계획하게 된다. 하지만 여기서 엄마들이 한 가지 간과하는 것이 있다. 바로 강남에서 서울대를 가는 학생들의 절반은 재수생 혹은 삼수 사수를 하는 N수생이라는 것이다. 그리고 이 재수생들도 다른 학군에서 공부했다면 좋은 내신 성적으로 재수 없이 바로 서울대에 갈 가능성도 적지 않았을 것이라는 안타까운 추측도 가능하다.

공부 좀 한다는 학생들이 강남 8학군으로 너도나도 없이 몰리는 상황 속에서 강남 지역은 우수한 인재들이 몰려 있는 우수한 인적 환경을 가지고 있다. 따라서 서울대 입학자들의 많은 수가 강남지역 출신이라는 것은 하나도 이상할 것이 없다. 오히려 더 많아야 그 명성에 걸맞은 결과일지 모른다. 하지만 이런 생각을 갖는 엄마들은 많지 않다.

　앞서 말한 변화무쌍한 교육정보와 트렌드에 민감하지 않은 엄마들은 어쩌면 이러한 상황을 이미 읽어냈을지 모르겠다. 그래서 '강남신화'에 혹하거나 대치동 학원가에 많은 것을 기대하지 않는 것일 수 있다. 그러한 엄마들은 하나같이 말한다. 아무리 최신의 교육정보와 트렌드로 무장한 엄마라고 해도 그 아이가 따라주지 못하면 아무 소용이 없다고 말이다. 공부는 결국 아이가 하는 것이라고 말한다. 엄마가 아이를 공부시키기 위해 갖가지 교육정보들과 트렌드를 놓치지 않기 위해 노력하는 시간에 아이의 공부 그릇을 키워주기 위해 책 한 권을 더 읽어주거나 도서관을 한 번 더 데려가 주는 것이 훨씬 더 가치 있다고 말하는 그런 엄마들이다.

　많은 사람들은 강남 엄마들을 떠올리면, 다양한 교육정보 수집에 열을 올리고 누구보다 빠르게 교육 트렌드를 읽어내는 엄마들을 상상할 것이다. 물론 그런 엄마들도 강남에 많다. 하지만 시시각각 변화하는 그러한 정보들을 얻는 수고와 피곤함을 반가워하지 않는 엄마들도 적지 않다.

　흔히 강남 엄마에 대한 '카더라' 통신 이야기들을 쉽게 접할 수 있다. 카더라는 "00이가 ~라고 하더라."는 식으로 정확한 근거가 부족한 소문을 추측 사실처럼 전달하거나, 그런 소문을 의도적으로 퍼트리기 위해 추측성으로 만들어진 억측 또는 소문을 말한다.

일명 '강남 엄마는 이렇다고 하더라.'는 식의 잘못된 소문들이 많은 엄마들을 불안에 떨게 한다. 조기 영어교육, 독서교육, 논술교육 등 다양한 분야에서 강남 엄마의 극성스런 정보 수집에 관한 기사들을 보면서 이 글을 읽는 강남에 살지 않는 엄마들은 어떤 생각이 들까 우려가 되고는 한다. 적어도 내가 만나온 엄마들은 그러지 않았기 때문이다.

자신의 아이가 공부를 잘하면서도 각종 교육정보에 빠삭해 그것을 이용해 다른 엄마들보다 우의에 서는 일명 '돼지 엄마'도 이길 수 없는 엄마들이 바로 어떤 교육정보와 트렌드에도 흔들리지 않는 엄마들이다.

교육은 트렌드가 아니다. 수명이 짧은 특정한 교육정보에 연연해서는 아이를 교육시키는 일은 매우 위험한 일이다. '교육은 백년지대계'라는 말도 있지 않은가? 교육은 먼 앞날까지 보고 세우는 크고 중요한 계획임을 잊지 말아야 한다. 시시각각 변하는 특정한 교육정보와 트렌드에 예민한 엄마로 힘들게 살지 않아도 공부할 아이는 알아서 한다는 것을 알아두자.

엄마부터 공부하는 모습을 보여 준다

아이들을 가르치는 일을 햇수로 10년을 하다 보니 이제 아이만 보아도 그 아이의 엄마까지도 머릿속에 떠올릴 수 있는 반 도사(?)가 되었다. 그리고 실제로 그렇게 예상해 본 엄마의 모습과 실제는 크게 다르지 않음을 매년 경험하게 된다. 물론 아닌 경우도 아주 간혹 있지만 정말 특별한 경우를 제외하고는 아이는 엄마의 거울임을 증명해 보이는 말과 행동을 한다.

함께 근무했던 선생님이 재미난 이야기를 해주었다. 아이가 아파서 병원에 입원을 했는데, 자신은 입원한 것이 너무나 좋다고 말했단다. 선생님께서 뭐가 그렇게 좋은지 물었더니 아이는 천진난만한 표정을 지으며 이렇게 대답했다고 한다.

"엄마, 있는 반찬에 밥 먹지 않아서 너무 좋아요. 병원 밥은 반찬이 자꾸 바뀌잖아요."

상황인즉슨, 선생님이 평소 아이들에게 "오늘은 있는 반찬에 그냥 밥 먹자."라고 자주 이야기했다는 것이다. 엄마가 평소 하는 말을 그대로 쓰는 아들을 보고 선생님은 마냥 웃을 수만은 없었다고 했다.

이래서 흔히들 '아이는 엄마의 거울이다.'라는 말을 자주 한다. 그런데 이 말은 그냥 단순히 경험에서 나오는 말이 아니라 과학적으로 실제 증명된 이론이다.

아주대학교 심리학과 김경일 교수는 한 포털 사이트에 흥미로운 글을 기고했다. 그 글은 다음과 같이 시작된다.

'엄마는 아이가 아프면 같이 아파한다. 수년 전 모 방송사에서 방영하였던 '다모'라는 미니시리즈에서도 유명한 대사가 있었다.

"아프냐. 나도 아프다."

인간은 어째서 이런 행동과 말을 할 수 있을까?'

김경일 교수는 그 질문에 거울 뉴런(Mirror Neuron)이라고 답한다. 이 거울 뉴런은 이탈리아의 저명한 신경심리학자인 리촐라티(Giacomo Rizzolatti) 교수에 의해서 처음으로 발견되어졌다.

그는 자신의 연구진과 함께 원숭이에게 다양한 동작을 시켜보면서 그 동작을 하게 됨에 따라 관련된 뇌의 뉴런이 어떻게 활동하는가를 관찰하고 있었다. 그런데 어느 날 그 교수는 매우 재미있는 사실을 발견하게 된다. 원숭이에게는 다른 원숭이나 주위에 있는 사람의 행동을 보기만 하고 있어도 자신이 움직일 때와 마찬가지로 반응하는 뉴런들이 있다는 것이다. 내가 그것을 직접 할 때와 내가 그것을 직접 경험하지 않고 보거나 듣고만 있을 때 동일한 반응을 하는 뉴런이 있다는 것. 그 뉴런이 바로 거울 뉴런인 것이다. 인간과 매우 근접한 영장류라고 불리는 원숭이들은 단순한 행동을 따라 할 수 있는 차원에 그치지만 인간의 뇌에서는 이 거울 뉴런들이 다양한 곳에서 활동하고 있다고 한다.

그렇다면 아이를 교육시킬 때도 이 점을 활용한다면 좀 더 수월하게 아이를 키울 수 있지 않을까 생각해본다. '아이가 이런 행동을 했으면 좋겠어.'라고 생각하는 것을 부모가 먼저 해보면 어떨까?

우연히 교원연수에서 알게 된 한 선생님이 있었다. 그분은 연수 기간 내내 내 뒷자리에 앉아서 수업을 받았고 자연스레 인사를 나누며 이야기를 나눌 수 있는 기회가 생겼다. 내 엄마뻘 되시는 연세의 선생님이었는데 그분도 알고 보니 강남 8학군에서 두 아들을 모두 키운 강남 엄마였다.

자연스레 자녀들에 관한 이야기도 들을 수 있었다. 노력파의 첫째 아들은 명문대를 나와 대기업에 취업해서 직장생활을 하고 있다고 했고, 사회성이 좋은 둘째는 비록 명문대를 나오지 않았지만, 형과 동종업계에서 어깨를 나란히 하는 대기업에 취업했다고 했다. 성격이나 밟아온 과정이 다른 두 형제지만 공통점은 어릴 때부터 두 아들은 모두 토익 만점을 꾸준히 받아왔다는 점이었다. 그쯤 되니 자녀들을 교육시킨 선생님의 비결이 궁금해졌다. 선생님의 답변은 아주 간단했다.

"나는 내가 공부했어요. 아이들 보는 앞에서 늘 공부했던 거죠. 아이들에게 엄마는 늘 공부하는 사람이었어요."

그러고 보니 선생님 손에는 늘 영문으로 된 책들이 들려 있었다. 항상 예정되어 있던 연수 시작시간보다 일찍 와서 그 영문도서를 늘 읽고 있었고, 쉬는 시간에도 손에서 책을 놓지 않는 정말 공부하는 선생님이었다.

선생님은 아들들이 학교에서 돌아오거나 외출해서 집으로 귀가할 때면, 그전에 무엇을 하고 있었던지 하던 일을 우선 멈추었다고 했다. 그러고는 자리에 앉아 책을 펴고 읽거나 무언가를 공부하는 모습으로 아들들을 맞이했다. 그 모습을 꾸준히 지켜보게 된 아이들은 자연스레 집에 와서 책부터 펴는 습관을 갖게 되었고 굳이 공부하라는 잔소리를 들을 필요가 없었다. 이것이 그 선생님께서 말한 것의 모두였다. '엄마가 먼저 공부하는 모습을 보여줄 것' 그것이 전부였던 것이다.

사실 여기서 명문대를 나오고 안 나오고 혹은 대기업에 입사를 하고 안 하고는 중요하지 않다. 중요한 것은 엄마가 모범을 보임으로써 아이들에게 불필요한 잔소리를 하지 않게 된 것, 그것이다.

아이들이 있는 집에서 나오는 이야기들은 듣지 않아도, 보지 않아도 말할 수 있고 그릴 수 있다.

"너 숙제 했어?"

"(했다고 대답했을 경우) 학교 숙제 말고 학원 숙제도 많았잖아. 정말 다 했어?"

"가서 책 좀 읽어라, 매일 TV만 보지 말고."

"너 또 핸드폰 들고 게임하는 거야? 엄마가 뭐랬어? 너 할 일 다 끝낸 후에 하라고 했지?"

지금도 이런 대화가 오가는 가정들이 많을 것이다. 그럴 때 엄마가 먼저, 아빠가 먼저 책을 펴고 공부하는 모습을 보이면 어떨까? 그것이 싫다면 아이들에게 한 귀로 들어가 한 귀로 흘러나오는 잔소리를 하기보다는 괜한 장난을 걸어보는 것이 더 나을 수 있다. 한바탕 몸싸움을 하며 크게 웃고 나면 아이들이 잔소리를 들었을 때보다 더 빨리 자기 방으로 들어가 자기 할 일을 시작할지 모른다. 내가 하기 싫은 공부라면 우리 아이들도 하기 싫을 수 있는 공부일 수 있다는 것을 항상 기억했으면 좋겠다. 설령 아이들이 잔소리를 듣고 공부를 시작한다고 해도 절대 그 공부하고 싶은 마음은 오래가지 않는다.

아이를 임신하고 힘든 입덧 과정을 거치면서 한 생명의 탄생의 고귀함을 온몸으로 느끼면서 마음먹었던 것은 '엄마부터, 나부터 똑바로 된 사람이 되자.'라는 것이었다. 다시 말해 이래라 저래라 잔소리하는 엄마 대신 내가 아이에게 모범이 되는 삶을 살자고 아니 살아야 한다고 다짐하고는 했다. 말처럼 쉽지 않을 것임을 안다. 하지만 적어도 한 번쯤은 생각해 볼 수 있을 것 같다. 나도 하기 싫은 것을 아이에게 강요하고 있는 건 아닌지 말이다.

열 달을 품은 아기가 세상 밖으로 우렁찬 울음소리와 함께 나왔을 때, 엄마는 건강하게 태어난 것만으로도 충분하다고 생각한다. 손가락, 발가락이 모두 다섯 개씩 열 개인 것만으로도 신기했고 감사했다. 아이가 눈 맞춤을 할 수 있게 되기 전부터 엄마는 아이들에게 사랑스러운 눈빛을 보내며 아이와 눈을 마주치려고 노력한다. 그리고 아이가 눈을 마주치기 시작하면 '까꿍 까꿍' 하며 웃어주며 아이가 한 번 웃어주기를 기다린다. 아이가 웃기 시작하면 더 환한 표정으로 '잼잼 짝짜꿍 곤지곤지 도리도리'를 온몸으로 보여주며 아이가 그것을 언젠간 보여 줄 거라 믿으며 기다린다.

요즘 몇 개월 동안의 내 모습이기도 하다. 그리고 이 글을 읽는 엄마들이 해온 모습이다.

우리는 아이가 태어났을 때부터 그렇게 아이들에게 '보여주기'를 먼저 해왔다. 아이들이 잘 따라 할 수 있도록, 우리 엄마들은 먼저 보여주었고 기다렸다. 아이들이 다양한 활동들과 언어들을 배울 수 있었던 것은 바로 이 '모방하기,' '따라 하기'를 통해서였다. 아이들은 무언가를 따라 하기 위해 엄마의 말이나 행동을 유심히 관찰한다. 그리고 그때 아이들의 뇌 안에서는 거울 뉴런들이 열심히 반응한다. 자신도 그 말이나 행동을 하는 것처럼 느끼기 위해서 말이다. 그런데 어느 순간부터 우리 엄마들은 그 먼저 보여주던 것을 멈추고 말로만 이야기하는 사람이 되어버린다.

아이들을 잘 키우고 싶다면 현명하고 지혜롭게 그리고 과학적으로 거울 뉴런을 활용하자. 아이들의 모습이 곧 나라고 생각하고 아이들이 공부를 잘했으면 한다면 공부하는 엄마의 모습을 먼저 보여주기를 바란다. 정 안 된다면 그 거울을 보고 외쳐보는 걸 어떨까? '내 아이는 나의 거울이다.'라고 말이다. 스스로 공부하는 아이들에게는 항상 그들보다 먼저 공부하는 엄마가 있었다는 것을 기억하자.

당장의 시험점수에 일희일비하지 않는다

퇴근길에 우연히 학교 교문 앞에서 당시 담임을 맡고 있던 재호와 재호 엄마를 길에서 만났다. 재호 엄마는 평소 개인 사업으로 아주 바쁜 나날을 보내고 있었다. 학부모 상담을 오기도 쉽지 않은 사람이어서 마침 잘됐다 싶었다. 지하철역으로 가는 동안 재호에 관해 이런저런 이야기를 나누던 중 전날 단원평가 시험지를 아이들 편으로 전달했던 것이 생각났다.

재호는 국어를 제외한 여러 교과목에서 받은 점수가 아주 낮았다. 하지만 학교생활을 누구보다도 즐겁고 열심히 하는 재호라서 그 한 번의 시험점수로 엄마가 실망하지 않았으면 하는 마음이 한편에 있었다.

"재호 어머니, 재호가 이번에 단원평가에서 받은 점수 때문에 실망하지 않으셨으면 좋겠어요. 재호는 평소 수업시간에 보면 이해력도 괜찮은 편이거든요."

내 말이 끝나자 재호 엄마는 웃으며 말했다.

"(손을 흔들며) 어휴, 선생님 저 그런 걸로 실망하지 않아요. 사실 재호가 학교에서 배우는 과목들을 좀 어려워하는 건 이미 알고 있었어요. 이번에 받은 점수 하나로 실망하거나 뭐 그런 건 없어요. 대신 선생님께서 재호에게 실망하셨을까 봐 전 그게 걱정이네요."

재호 엄마의 말을 듣자마자 나도 손사래 치며 이야기했다.

"재호 어머니, 그런 건 절대 걱정 마세요. 저도 아이들 시험점수 하나하나에 많은 의미를 부여하지 않아요. 아이들은 지금 매일 자라는 과정이잖아요. 혹시나 말씀드렸는데 역시나 재호 어머니도 저랑 같은 마음이시라니 좋네요.(웃음)"

그렇게 재호 엄마와의 짧은 상담은 웃음으로 끝이 났고, 퇴근길 발걸음이 더 가벼워졌음을 느꼈다.

재호 엄마와 같은 생각을 가진 엄마들을 생각보다 많이 만날 수 있었다. 다름 아닌 사교육의 메카, 대한민국 최고의 교육열을 자랑하는 강남에서 말이다. 학부모 총회와 매달 보내는 담임선생님 편지로 내가 늘 강조하는 것이 있다. 바로 이 평가에 관한 것이다. 이 단원평가 형식으로 치르게 되는 시험은 평가의 한 부분이지 절대적인 부분이 아니라는 것이다. 그리고 사실 시험이라는 것, 평가라는 것이 얼마나 편협한 시야를 만드는지는 누구보다도 알기 때문에 나는 늘 엄마들에게 한두 번의 시험성적으로 크게 낙심하지도, 크게 기뻐하지도 않았으면 좋겠다고 당부한다. 그래서 나는 늘 학년 말이 되면 아이들에게 그간 본 시험지를 나눠주며 그것을 마음껏 찢게 하는 통쾌한 행사를 치른다.

하버드 경영대학원 역사상 첫 한국인 교수였던 문영미의 '디퍼런트'라는 책을 보면 이 평가의 '늪'에 빠지면 얼마나 많은 것을 놓치게 되는지 알 수 있다.

그녀는 대학원 시절 처음으로 강의를 하게 되었을 때, 하버드 학생들이 좀 더 적극적으로 수업에 참여하도록 만들고 싶어 했다. 그래서 학기가 시작하고 중간쯤 되었을 때 학생들에게 중간 평가 점수를 알려주게 되었다. 그런데 예상치 못한 일들이 벌어지게 된다. 점수를 알게 된 한 학생이 찾아와 제일 점수가 낮았던 항목을 잘하기 위해서는 어떻게 해야 하는지 방법을 알려달라고 한 것이다. 그런 학생은 한 명으로 그치지 않았다. 중간 성적표를 받은 이후로, 학생들은 오로지 자신의 약점을 보완하는 데 집중하고 있었다는 것이다. 자신의 강점을 더욱 키워 나가려는 학생은 아무도 없었다. 그 결과 수업 분위기는 사진이 갈수록 흥미가 떨어져 갔다고 한다.

이렇듯 평가는 학생들에게 정말 중요한 것, 자신이 좀 더 집중해야 할 것을 놓치게 하는 경우가 비일비재하다. 당장의 시험점수에 목숨 걸지 않는 경우 더 중요하고 더 많은 것을 얻을 수 있다.

2년 전, 5~6학년 아이들 대상으로 어린이 연극부 동아리 부서를 맡아서 운영했는데 그해 '어린이 연극 한마당'이라는 대회에 참여하게 되었다. 연극부 아이들뿐 아니라 그때 맡고 있던 우리 반의 아이들까지 오디션에 참여할 수 있도록 해서 꽤 많은 아이들이 대회 준비를 함께 했다. 아이러니하게도 대회를 위해 준비한 연극의 제목도 '시험지의 여행'이었다. 시험성적으로 상처받는 아이들의 마음을 30점, 60점, 90점 시험지가 대신 대변해주는 내용이 담긴 극본의 연극이었다.

그 연극을 준비하기 위해 아이들은 남들보다 더 일찍 학교에 등교해서 내 지도하에 연습을 열심히 했다. 그렇게 아침 시간에도 점심시간에도 그리고 방과 후에도 연습했다. 아이들은 학원 스케줄까지도 조정해 가며 그렇게 연습에 성실하게 참여했다. 사실 연극에 참여한 아이들은 각 반에서 치러지는 시험을 앞두고 있었다. 이 점이 내심 우려가 되었던 나는 대회에 참여한 아이들의 엄마들께 양해를 구했는데 다들 하나같이 같은 반응이었다. 전혀 상관없다는 반응이었다. 나는 한결 편안해진 마음으로 대회를 아이들과 준비할 수 있었다.

기꺼이 시험을 코앞에 두고 대회를 위한 맹연습에 돌입하면서 아이들은 더욱 더 무대에서 자신들의 연기에 몰입했고 시간이 갈수록 정말 그러한 상황을 즐겁게 즐기며 준비했다. 그러는 과정에서 나는 음향, 소품 등을 하나하나 직접 준비해야 했다. 그 과정이 보람되기도 했지만, '왜 나는 이렇게 사서 고생을 하는 걸까.' 하고 순간 나를 탓하기도 했다. 아무도 대회에 나가라고 떠밀지 않았는데 말이다. 아이들과 소중한 추억을 만들고 싶었던 나의 순수한 교육적 열정이 만들어낸 결정이 흔들릴 때마다 힘이 되어 준 것은 엄마들이었다.

대회를 얼마 안 남기고 막바지 총연습을 하기 위해 주말에 출근해서 아이들과 연습을 했다. 그중 공부 잘하는 주인공 역할을 맡은 지수 엄마가 지수를 데리러 왔다. 잠시 지수가 화장실을 간 사이 엄마가 교실로 들어왔다. 지수 엄마는 5학년이 되어서 너무나 달라진 지수를 볼 때마다 신기하다고 매번 담임선생님 편지에다 답장을 주었다. 그날도 내게 말했다.

"선생님, 5학년 되어서 한 번도 아침에 지수를 깨워본 적이 없어요. 그냥 알아서 벌떡 벌떡 일어나는 지수를 보면서 우리 남편도 정말 놀라요."

그 말을 들으니 학기 초 지수가 생각났다. 새침하고 까칠했던 지수는 이제까지 교우관계가 원만하지는 않았다. 마음의 문을 쉽게 열지 않는 아이였다. 그런데 평소 연기를 할 수 있는 수업방식이 많았던 우리 반에서 지수의 숨겨져 있던 끼는 친구들에게 신망을 얻을 수 있는 좋은 무기가 되었다. 그러다 보니 연극 무대를 준비하면서 지수는 하루가 다르게 밝고 따뜻한 아이로 변해가고 있었다. 그날 아침에도 멀리서 오는 나를 발견하고 뛰어와 "선생님~." 하고 나에게 안겼다. 얼음공주 지수가 말이다. 그 이야기를 해주니 엄마는 지수가 그랬다는 게 믿기지 않는다며 놀라 나를 쳐다보았다. 그간 엄마는 지수의 성격 때문에 마음고생을 한 일들이 꽤 많이 있었던 터라 그런 지수의 변화를 보고 누구보다도 행복해했다.

대회당일 날은 지수 아빠의 큰 차까지 동원되어 교실에 있는 책걸상 소품까지 옮길 수가 있었다. 그 외에도 많은 엄마들은 자신들의 일정도 오롯이 대회 일정으로 맞춰 소품을 옮기고 아이들을 챙겨주는 일에 협조해주었다. 아이들의 열정에 엄마들의 협조까지 더해져 무대를 성공적으로 마칠 수 있었다. 수상은 하지 못했지만, 많은 사람들의 열정으로 만들어진 무대가 나는 누구보다도 뿌듯했고, 아이들이 자랑스러웠다. 대회가 끝나고 연극에 참여했던 한 남학생이 내게 다가와 이런 말을 건넸다.

"선생님, 연극 가르쳐 주서서 감사합니다. 정말 행복했어요."

이 말을 듣는데 나야말로 그 아이에게 정말 고마웠다. 그리고 행복했다. 만약 당장의 시험에 일희일비하는 엄마를 둔 아이였다면 그 아이도, 나도 이러한 행복을 느끼지 못했을 것이다.

여기서 재미있는 사실 두 가지가 있다. 하나는 예상치도 못한 관객이 있었다는 것이다. 늘 공부 욕심 많고 때로는 강한 성격으로 친구들을 무시하는 발언을 해서 나에게 혼도 자주 났던 은주. 그 은주가 엄마와 동생까지 대동하고 와서 그 연극을 관람했다. 연극이 끝나고 은주는 나에게 연극이 너무 재미있었다며 꼭 와서 친구들을 응원해주고 싶었다고 이야기했다. 그리고 은주는 며칠 뒤 있었던 그 평가에서 최고점을 맞았다.

두 번째는 연극에 참여했던 아이들의 대부분이 지난번보다 향상된 시험점수를 받았다는 것이다. 성적이 오르지 않았어도 학습태도가 좋아졌다는 이야기를 여러 담임선생님들로부터 전해들을 수 있었다.

엄마가 아이들의 시험점수에 연연하게 되는 것은 아이의 미래를 걱정하기 때문도 있겠지만, 다른 이유에서일 수도 있음을 한 번쯤 생각해보았으면 좋겠다. 낮은 점수를 받으면 단순히 아이가 성공한 삶을 살지 못할까 봐 두려운 것보다 엄마의 자존심, 엄마의 체면을 상하게 하는 일로 여기지는 않는지 솔직하게 자신을 들여다보았으면 좋겠다.

반대로 아이의 시험점수가 내가 아이를 얼마나 잘 키우고 있는지 말해주는 것이라고 여기며 스스로를 힘들게 하지 않았으면 좋겠다. 혹시 주변에서 핀잔주는 가족들이 있다면 당당하게 외치자!

아이의 학업성적표는 엄마의 자녀교육 성적표가 아니라고 말이다. 당장의 시험점수에 일희일비하지 않는 엄마로 살면서 아이들에게 진짜 중요한 것을 배울 수 있게 해주는 지혜로운 엄마들이 더 많아졌으면 좋겠다.

3장
강남 엄마의 특별한 공부 7습관

아이의 미래를 위해 다각적인 시각을 가진다

도올 선생님은 '교육입국론'이라는 책에 공부의 의미에 대한 글을 썼다. 그중 일부를 조금 옮겨보겠다.

"나의 자녀를 '교육시킨다.'는 말은 '공부를 시킨다.'는 말과 거의 같다. 나의 자녀에 대한 자랑도 '우리 아이는 공부를 잘해요.'라는 명제로 표현된다.

'공부를 잘한다.'는 의미를 복잡하게 해석할 필요는 없다. 그것은 '학교 시험점수가 높다.'는 뜻이다. 우리 아이 공부 잘한다는 의미에 실제로 딴 뜻이 없다. '학교 시험점수가 높다.'는 것은 대학입시에 유리하다는 뜻이고, 대학입시에 유리하다는 것은 서울의 몇몇 일류대학에 입학할 가능성이 높다는 뜻이다. 우리의 파란만장한 인생 역정을 생각하고 저 현묘한 허공에 무한히 펼쳐진 갤럭시를 생각할 때,

'공부'가 겨우 요따위 밴댕이 콧구멍만한 서울의 시공에 집약된다는 것은 감내하기 어려운 위선이요 치졸함이지만, 우리 5천만 동포의 현실적 가치관은 공부의 다른 의미를 허용하지 않는다."

글을 읽는데 하얀 도복을 입은 도올 선생님이 '요따위 밴댕이 콧구멍'을 힘주어 말하는 모습이 저절로 상상이 되니 순간 웃음이 나왔다. 그런데 현실을 생각하면 마냥 웃을 수만은 없다. 맹목적인 입시 위주의 교육이 만들어낸 우리의 현실은 도올 선생님과 나를 포함한 많은 사람들의 가슴을 답답하게 만든다. 공부가 단순히 '명문대 입학'을 위한 것으로 한정된다면 우리 아이들의 미래는 밝지 않다는 것이 확실하다. 일류대학의 입학 정원수는 전국 수험생 수의 3% 이내라는 결론이 이미 나와 있기 때문이다.

그렇다면 방법은 없을까? 우리 아이들이 누구나 행복한 미래를 맞이할 수 있는 방법 말이다. 이 질문에 대한 답으로 아이의 미래를 다각적인 시각에서 바라보자고 말하고 싶다. 아이들의 미래가 어떤 모습이기를 바라는가? 아마도 우리 아이들이 모두 '성공'한 삶을 사는 미래를 꿈꿀 것이다. 그렇다면 '성공'이란 무엇일까? 나는 아이들에게도 이 질문을 종종 던진다. 아이들의 대답은 대충 이러하다.

"돈 많이 버는 거요."

"서울대 들어가는 거요." 혹은 "SKY 대 들어가는 거요."

"좋은 직업 갖는 거요."

“유명해져서 TV에 나오는 거요.”

우리가 흔히 이제까지 성공한 삶에 대해 보아왔던, 혹은 들어왔던 사람들의 모습이 그 대답에 다 담겨 있으리라. 사람마다 ‘성공’을 정의하는 방식이 다 다를 것이다. 하지만 성공을 부를 수 있는 한 가지 법칙은 있다. 그 법칙을 우연히 한 영화의 대사에서 찾을 수 있었다.

“너의 재능을 따라가 봐. 그럼 성공은 뒤따라올 거야!”

‘세 얼간이’라는 인도영화에서 남자 주인공 란초가 한 말이다. 이 말만큼 성공을 이루는 방법을 정확하게 말한 문장은 찾아볼 수 없다. 성공은 바로 자신만의 재능을 따라가야 하는 것이다.

3월 학부모 총회에서 학부모들을 대상으로 나름의 교육관과 교육철학을 소개할 때 빠지지 않고 이야기하는 교육학자가 있다. 바로 전 세계적으로 유명한 미국 하버드 대학교 교육심리학 교수 하워드 가드너(Howard Gardner)이다. 우리나라의 각종 매체를 통해서도 많이 알려진 터라 가드너 박사를 말하면 바로 ‘다중지능이론(theory of multiple intelligences)’을 떠올릴 만큼 대중들에게도 많이 알려져 있다. 서점에 가면 관련된 책을 스테디셀러 코너에서 쉽게 만날 수 있기에 많은 엄마들이 다중지능이론에서 말하는 지능의 몇 가지 영역들을 누구나 말할 수 있는 수준이 되었다.

하지만 실제로 다중지능이론을 소개하는 원서의 제목이 ‘마음의 틀(Frames of mind)’이라는 것을 아는 사람은 많지 않다. 다중지능이론의 시작은 바로 '프레임,' 마음의 틀에 있었다. 쉽게 이야기하자면 어떤 마음의 창을 가지고 아이들을 바라보느냐가 중요하다는 것이다. 누구나 자신만의 색깔을 드러낼 수 있는 강점, 다른 말로 재능이 있다는 것을 바탕으로 그것이 무엇인지 심도 있게 파악해야 한다는 것이다. 그리고 어떻게 그 재능을 키워갈 것인지 고민해야 하는 것, 그것이 다중지능이론의 시작점이라고 할 수 있다.

그러나 대부분의 엄마들은 이것을 놓치고 다중지능의 각가지 영역에만 관심을 갖는다. 아니 더 솔직히 말하자면 언어지능과 논리수학지능에 더 많은 관심을 기울인다. 지금까지의 교육이 언어적 능력 또는 논리 수학적 능력을 중시하면서 이 두 가지 능력을 기르는 데 관심을 두어 왔기에 그것은 당연한 결과일지 모른다. 하지만 가드너의 다중지능 이론은 종래 지능이론 및 검사에서 또는 일반적으로 교육에서 지나치게 언어 및 논리 수학적 능력만을 강조하고 다른 중요한 능력들을 무시된 것에 대한 비판에서 출발했다는 점을 상기시킨다면 우리의 현실이 못내 씁쓸하게 여겨진다.

현실이 그러하다 보니 아이들이 꿈꾸는 미래를 위한 공부도 그 편협하고 협소한 국어, 수학, 영어 등 입시를 잘 치르기 위한 과목에만 한정되었다. 하지만 이제는 아이의 재능에 집중하여 그것에 맞는 진짜 공부를 해야 한다. 앞서 말한 것처럼 아이들의 미래를 다각적인 시각에서 볼 줄 알아야 하며, 그 다각적인 시각이라는 것은 아이의 미래를 단순히 명문대 입학이라는 천편일률적인 목표에만 한정짓지 않는 관점을 의미한다. 다시 말해, 아이들이 꿈꿀 수 있는 미래의 모습은 하나로 결정되지 않고 다양할 수 있음을 가정하고, 가능성을 열어두자는 것이다.

많은 사람들이 강남 엄마라고 하면 명문대 입학을 위해 아이들에게 공부만을 강요하고 학업성적에 매우 민감할 것이라고 생각하는데 예상을 깨는 엄마들이 많다. 내게도 그것은 꽤 신선한 충격이었다. 엄마들은 아이들이 가지고 있는 그 재능이 무엇인지 일찍부터 관심을 갖는다. 그리고 아이가 탁월하다고 생각되는 분야가 있으면 그것에 집중하여 아이를 기른다. 다시 말해 무조건 국어, 영어, 수학 공부만 시키는 것이 아니다. 공부는 다른 공부도 얼마든지 있다고 생각하는 강남 엄마들은 아이의 낮은 수학 점수 앞에서도 매우 쿨했다.

"선생님, 전 연아가 수학을 어려워하고 싫어하는데 굳이 힘들게 공부시키고 싶지 않아요. 연아는 제가 볼 때 미술에 소질이 있는 것 같아요. 스트레스 받으며 수학 문제 하나 푸는 대신 좋아하는 스케치 연습 한 시간 하는 게 아이에게 더 도움이 되는 거라고 생각해요. 제가 본 연아는 단순해 보이는 색칠공부를 할 때마저도 행복해 보이거든요."

연아 엄마는 나와의 상담에서 그렇게 이야기했다. 상담 전 아이의 낮은 수학 실력을 걱정하지 않을가 우려했던 나를 무안하게 만든 연아 엄마, 연아 엄마의 현명한 말에 내 속이 뻥 뚫리는 것 같았다. 맞는다고 백번 맞는다고 그렇게 아이의 재능에 맞는 공부를 시키시면 된다고 얘기했다. 연아 엄마와 비슷하게 아이의 재능에 맞는 공부를 시켜야 한다고 생각하는 엄마들이 많았다.

대학 입시를 잘 치르기 위한 국어, 영어, 수학, 과학 공부만이 인생의 성공을 가져오지 않는다. 오히려 자신의 재능과 관계없이 무비판적으로 남들이 다 하니까 한다는 식의 기계적인 국어, 수학 공부를 하게 되면 인생의 실패를 경험하게 될 확률이 크다. 성공한 아이의 미래를 꿈꾼다면 다양한 각도에서 아이의 재능을 살피고, 그것을 위한 공부를 하도록 돕자.

아이의 미래는 대학입시에서 끝나지 않는다. 대학입시를 끝낸 그 뒤가 진짜 미래다. 단순한 명문대 진학만을 성공한 아이의 미래라고 단정 짓지 말자. 그래서 그것을 위한 공부만을 강요하지 않았으면 한다. 일류대학 입학만을 성공의 모범답안으로 삼는 엄마가 될 것인가? 그런 재미없는 모범답안만을 강요하지 않는 엄마라면 아이는 실패보다는 성공에 가까운 미래를 맞이할 수 있을 것이다. 엄마의 열린 시각이 어느 때보다 절실한 시대이다.

냄비형 엄마 대신 뚝배기형 엄마가 된다

결혼 준비를 하면서 이런저런 신혼살림을 준비하는데 친정엄마가 뚝배기를 사야 한다고 얘기했다. 이미 준비해둔 냄비들도 많았던 터라 굳이 살 필요가 있을까 했을 때 엄마는 깊은 장맛을 우려내려면 뚝배기에 끓여야 한다고 얘기했다. 그래야 장맛이 살고 맛있다고 말이다. 그래서 크기가 다른 뚝배기를 두 개나 구입해두었다. 오늘은 그중 하나를 골라 저녁상에 올릴 된장찌개를 끓였다. 그 뚝배기를 보고 있자니, 우리 아이들에게도 이런 뚝배기 같은 엄마가 필요하지 않을까 싶다. 깊은 장맛을 우려내기 위해 묵묵히 기다릴 줄 아는 뚝배기 같은 엄마 말이다.

언젠가부터 조기교육이라는 말이 우리에게 친숙한 말이 되었다. 어릴 때부터 배워야 할 것이 너무 많은 아이들. 그런 아이들이 학교에 들어오게 되면 나와 같은 선생님을 만난다. 하지만 나를 만나기도 전에 무수히 많은 선생님들을 만나본 아이들은 이미 배운다는 것은, 공부라는 것은 즐겁지 않다고 낙인찍어 두었다. 재미있을 수도 있는 배움과 공부라는 것에.

그렇게 이른 나이부터 배우고 공부하는 것에 단련되어 있는 아이들을 볼 때면 안타까운 것이 한두 가지가 아니다. 남들보다 빨리 시작해서 빨리빨리 배우면 정말 더 잘하게 될까?

최기영 교수가 '현대사회와 유아교육'라는 제목으로 발표한 자료에는 이 조기 교육의 위험성을 알리는 내용이 있다. 피아제의 인지 이론에 따르면 아동의 발달보다 훨씬 앞지른 자극을 조기에 주어지게 되면 그 시기에 적절히 발달해야 할 다른 인지발달, 정서발달, 사회성 발달 등의 영역이 제대로 발달할 기회가 부족할 가능성이 높다고 한다.

최근의 뇌 발달 연구들에 의하면 스트레스를 많이 받으면 기억을 담당하는 해마라는 뇌의 부위가 줄어들고 기억력이 감소한다고 한다. 과잉 조기 교육에 의해 정신적 스트레스를 많이 받게 되면 오히려 기억력이 떨어지는 아이로 자랄 수 있다는 이야기다.

또 다른 자료에서는 사람의 뇌는 신경세포가 가늘게 연결되어 있는데 이 가느다란 전선에 과도한 전류를 흘러 보내면 과부하를 일으키는 것처럼 조기교육을 강압적으로 할 경우 뇌의 과부하를 만들 수 있다는 내용도 찾을 수 있다.

이와 관련한 한 기사가 신문에 실렸다. 제목부터가 내 마음을 아프게 한다.

〈'내 욕심이 아이 망쳤다' 목 놓아 우는 엄마들〉
-한국일보 2011년 4월 11일자 박선영 기자, 박철현 기자-

43개월 사내아이 한새(가명)는 두 돌 전에 영어 알파벳과 한글을 읽기 시작했다. TV 화면에 영어 자막이 나오면 "케이, 에스, 더블유" 하며 글자를 읽어냈다. 차를 타고 가면 길가의 간판들을 더듬더듬 읽었다. 주변에서는 다들 "영재 아니냐."고 부러워했다. 돌 무렵부터 읽어주기 시작한 그림책 덕분이었다. 책의 바다에 빠진 한새는 장난감도 싫어했고, 일과 시간의 대부분을 책만 보며 지냈다. 글자를 뗀 후엔 초등학교 3학년 형의 '어린이사전', '영어사전'까지 탐독했다.

하지만 엄마는 이상하게도 마음 한편이 불안했다. 두 돌이 넘도록 한새가 자발적으로 할 수 있는 말이 거의 없었기 때문이었다. "엄, 마." 하면 "엄, 마." 하고 겨우 따라 할 뿐이었다. 책이 보고 싶으면 엄마 손을 이끌고 책장 앞으로 갔고, 목이 마르면 냉장고 앞으로 끌고 갔다. 간혹 또래 아이들과 모이면 혼자 등을 돌리고 책만 읽어대는 모습에 엄마는 억장이 무너졌다. 억지로 아이들과 섞어놓으면 한새는 하고 싶은 말을 못 해 답답해하며 짜증을 냈고 아이들도 함께 놀아주지 않았다.

'말이 좀 늦는 거겠지.' 하며 애써 스스로 위로하다 병원을 찾은 것이 36개월 때. 병명은 '경계성 자폐'였다. 한새의 독서는 의미도 모른 채 낭독만 능숙하게 하는 전형적인 초독서증이었다. 엄마는 의사 앞에서 목 놓아 울었다.

물론 단순히 이른 나이에 책을 읽어준 것 자체가 나쁘다는 것은 아니다. 문제가 되는 것은 다른 경험에 비해 과도하게 책만 읽는 행동이 많았다는 것과 엄마와의 상호작용을 통해 정서적인 공감이 있는 독서가 아닌 정말 글자만을 읽어준 인지적 독서였던 것이 문제라고 본다. 영유아들을 대상으로 하는 책 육아라는 말이 흔하게 유행하고 있는 요즘, 이러한 기준 없는 무분별한 조기 교육이 아이들을 멍들게 한다.

이러한 상황을 보고 있자니, 아인슈타인이 우리나라에서 태어났으면 그의 천재성은 세상의 빛을 보기도 전에 사장되었을 거라는 확신이 든다. 그 세계적인 아인슈타인이 처음 말문을 튼 것은 3살이었다. 아마도 그의 어머니는 냄비형보다는 뚝배기형에 가까웠을 것이다. 왜 말을 하지 않느냐고 재촉하지 않았기에 그의 천재성은 보호받았을 것임에 틀림없다.

강남 아이들이라고 해서 특히 더 이런 조기교육에 모두 다 노출되어 있다고 생각하면 오산이다. 실제로 아이들을 만나 가르치다 보면 성적이나 학습 태도가 우수한 아이들 중 많은 수가 조기교육이 아닌 적기교육을 하는 아이들이었다.

반에서 공부도 잘하고 친구들을 잘 이끌어 또래 친구들에게 신망을 두루 얻는 여학생 두 명이 있었다. 둘 다 하는 행동도 어찌나 똑 부러지는지 어른인 내가 봐도 가끔씩 놀랄 정도였다. 그 아이들의 공통점은 지나친 선행학습을 하지 않는다는 것이었다. 다른 아이들이 방과 후에 학원에 가는 스케줄이 있었다면 이 아이들은 일주일에 한두 번 정도 학교 방과 후 학교 프로그램에 참여할 뿐이었다. 그러다 보니 방과 후 학교 수업이 중간에 쉴 때면 종종 교실에 와서 나와 수다를 떨고는 했다.

그 아이들과 이런저런 이야기를 나누다 보니 자연스레 그들의 엄마들을 좀 더 짐작할 수 있었다. 아이들은 성적에 관한 것이나 뭔가를 해야 하는 것에 스트레스를 받거나 부담을 느끼는 것이 전혀 없었다. 아마도 그 아이들 뒤에는 아이들의 성적이나 발달에 매우 느긋한 엄마들이 있었을 것이다. 그 느긋한 뚝배기를 닮은 엄마들은 아이의 학교생활에 관해 어떤 일이든 문제 삼아 전화를 걸어오는 일도 없었다. 그냥 아이가 잘하고 있겠거니 믿고 기다려주는 엄마들이었다. 학교에서 아이들과 사소하게 벌어지는 작은 일에도 흥분하며 학교로 전화를 걸어오는 엄마들과는 대조적이었다.

그중 한 엄마가 상담을 와서 내게 이런 말을 했다. 자신의 일을 맡아서 척척 잘해내며 남는 시간에 친구들을 돕는 아이가 오히려 다른 아이들에게 부담을 줄까 걱정이라는 것이다.

"선생님, 우리 영주가 괜히 너무 앞장서서 아이들을 지휘하려고 들까 봐 전 걱정이에요.”

이 엄마를 보고 있자니 자녀를 기르는데 있어서 철저한 교육관을 가진 제갈량이 떠오른다.

자오위핑의 ‘마음을 움직이는 승부사 제갈량’에는 제갈량이 마지막 북벌을 감행하러 나가면서 형인 제갈근에게 편지를 띄운 이야기가 나온다. 그 편지 속에서 아들 첨에 대한 우려가 담겨 있다. 다음은 그 편지의 일부에 들어 있는 내용이다.

“제갈첨 지금 벌써 여덟 살이고 총명하고 사랑스러우나 그 조숙함이 걱정되니, 큰 그릇이 되지 못할까 두렵습니다.”

빠르면 빠를수록 좋다고 말하는 요즘의 엄마들과는 달리 제갈량은 이와 반대로 아들이 너무 빨리 성장하는 것을 우려한다. 그는 오히려 아들의 조숙함을 걱정하며 느긋하게 커 주기를 바라고 있다. 제갈량이 아들을 훈계하는 글 속에서도 이러한 그의 생각을 확인할 수 있다. 그는 인생에서 가장 중요한 것은 속성, 즉 빨리 이루는 것이 아니라 천천히 공을 들이며 노력하는 것이라고 아들에게 이야기한다. 그는 진정 뚝배기를 닮은 아빠였다.

올해로 삼풍백화점이 붕괴된 지 20년이 흘렀다. 지상 5층부터 지하 4층까지 붕괴되는 데 걸린 시간은 불과 20여 초에 지나지 않았다. ‘빨리빨리’ 지어진 삼풍백화점은 그렇게 재빨리 무너졌다. 빨리빨리 다그침 받게 되는 우리 아이들의 인생도 그 삼풍백화점을 닮을까 두

렵다. 빨리 빨리 재촉을 받다가 부실한 기초 공사로 아이들의 인생이
흔들릴까 무섭다. 아이들은 저마다 자신의 속도로 혹은 자신의 박자
대로 삶을 살아간다. 그런 아이의 성장 속도를 존중하고 기다려 주는
뚝배기 같은 엄마가 되어주기를 바란다.

　장이 뚝배기 안에서 깊은 맛을 우려낼 때까지 기다림이라는 시간
을 묵묵히 견뎌야 하는 것처럼 우리 아이들도 기다려주자. 우리 아이
들이 살 '맛' 나는 자신의 인생을 준비하도록 곁에서 그 과정을 묵묵
히 지켜봐주며 기다려주는 엄마가 되었으면 좋겠다.

아이의 성향에 맞는 맞춤식 교육을 한다

현명한 강남 엄마들의 특별함을 이야기할 때 꼭 이야기하고 싶었던 것이 있었다. 바로 아이의 성향에 맞게 교육을 시킨다는 점이었다. 자녀교육을 뚝 소리 나게 하고 있는 엄마들과 이야기를 나누다 보면 그들의 지혜로움에 놀라고는 한다. 그 이유는 바로 같은 뱃속에서 낳은 자식이지만 각자의 성격이나 성향에 맞게 아이들을 교육시킨다는 점이다.

아이를 잘 키운다는 것은 매우 주관적이라 어떤 평가 잣대로 말할 수 없는 문제이다. 그런데 정말 아이들을 잘 키우는 엄마라는 생각이 드는 엄마들이 있다. 두세 명의 아이들을 키우면서 각기 다른 방식으로 아이들을 교육시키는 엄마들이 거기에 해당된다.

학급에서 맡고 있는 아이가 아닌 그 아이의 형제, 자매 사정까지 어떻게 알고 하는 말일까 궁금할 수도 있다. 그러한 엄마들과 이야기를 조금만 나누다 보면 그러한 의문점은 곧 사라지게 된다. 이러한 엄마들은 자신의 아이에 대해 이야기할 때 다른 형제, 자매와 다른 특징과 분별된 개성을 잘 짚어 이야기한다. 그것은 단순한 비교의 말이 아닌, 아이의 정확한 성격을 파악하고 있다는 증거로 보이는 말들이었다.

우석 엄마가 그랬다. 우석이는 꼼꼼하고 차분한 성격으로 아주 완벽주의에 가까운 아이었다. 흔히 FM이라고 말하는 그런 성향의 아이었는데 우석이의 형은 달랐다.

"선생님, 우석이는 자기가 맡은 일은 끝까지 해내는 편이고 공부 욕심도 많아요. 그래서 본인이 배우고 싶다는 하면 학원도 보내고 과외도 시켜요. 그런데 첫째 아이는 정말 달라요. 그 아이는 지금 학원도 과외도 하나도 안 하고 있어요. 빡빡하게 뭔가 시키면 튕겨나갈 아이거든요. 그 아이는 그냥 두는 편이 낫다고 판단해서 아무것도 안 시키고 있어요. 그래도 공부는 곧잘 하더라고요. 승부욕이 있는 아이라 가끔 그걸 이용해서 자극시키고는 해요. 너무 심하게 논다 싶을 때 말이죠."

같은 남자 아이를 기르고 있지만 아이들의 타고난 성격이나 성향을 파악해서 그에 맞는 교육을 하고 있는 우석 엄마, 우석 엄마는 지혜로운 엄마였다.

아이의 성향을 파악해서 거기에 맞는 교육을 한다는 것은 아주 중요한 문제이다. 주변에서 아이를 잘 키운 사례들과 엄마들이 꿈꾸는 성공담을 자주 건네 듣게 된다. 그러한 이야기들을 듣게 되면 혹 하게 되는 것이 엄마 마음이다. 당장 그 방식대로 아이를 길러보자고 생각하여, 평소 하지 않던 행동들을 아이들에게 해주거나 강요한다. 그러한 모습을 보는 아이들은 어색하고 낯설다. 아이의 성향을 무시하고 무턱대고 남들이 효과를 봤다는 방식을 그대로 적용하게 되면 성공보다는 실패를 더 많이 맛보게 된다. 그럴 수밖에 없는 것은 내 아이가 그 아이가 될 수 없는 이유와 같다.

흔히 중2 병이라고 하는 아이들의 무서운 변화도 실제로 엄마가 아이의 성향이나 성격을 존중하지 못한 교육 방식의 강요로 생기는 경우가 많다. 어릴 때는 그래도 고분고분 말을 듣던 아이들이 갑자기 돌변하는 것은 청소년기에만 특히 더 많이 분비되는 호르몬의 영향도 있지만, 그 속을 살펴보면 아이의 성향을 고려하지 않은 부모의 교육 방식에 문제가 있을 경우가 많다.

한 프로그램에서 중학생 남자아이가 엄마에게 하는 말들을 보고 가슴을 쓸어 내린 적이 있었다. 아이는 초등학교 때까지 우등생이라는 소리를 들으며 지냈고, 친구들에게도 인기가 많아 학급 임원 역할도 자주 하던 아이었다. 그런 아이를 좀 더 잘 키우고자 한 엄마는 강남으로 이사해 아이를 다양한 학원을 보내며 공부를 더 열심히 하도록 독려했다. 처음에는 엄마가 시키는 대로 나름대로 잘 따라가던 아이가 점점 더 공부에 흥미를 잃어가기 시작했고, 심지어는 엄마와 같은 공간에 있는 것조차 불쾌해했다.

"꺼지라고요. 쳐다보지 말라니까요. 기분 나쁘다고요. 아이 씨, 밥 안 먹어."

아이는 그렇게 엄마와 겸상을 하는 것 자체를 기분 상해하며 밥을 먹는 것도 거부했다. 아이의 행동에 상처받은 엄마는 하염없이 눈물만 흘렸다. 아이가 왜 이렇게 변했을까? 화면 속에 잠시 비친 아이를 보고 있자니 안타까운 것이 있었다.

아이는 외향적이고 대범한 성향이 아닌 내성적이고 세심한 성격의 아이었다. 이런 아이들은 '용의 꼬리보다는 뱀의 머리'가 되는 것이 맞는 유형의 아이이다. 그 아이는 공부 잘하는 아이들이 많은 분위기 속에서 자극을 받으며 공부할 수 있는 아이가 아니었다. 자신이 우두머리가 되어서 인정을 받으며 공부하는 것이 맞는 아이었던 것이다. 이 아이는 강남 학군에서 공부하게 되면서 공부에 대한 자신감을 잃었다. 공부를 잘하고 싶은 마음이 드는 대신 이런 상황을 만든 엄마를 미워하는 마음이 생겼다. 엄마와의 심한 갈등은 거기에서 시작되었다.

사실 강남에서 아이를 길러야 하는지, 말아야 하는지에 대한 고민도 이 아이의 성향에 대한 철저한 분석에서부터 시작되어야 한다. 그 분석은 현실적이어야 한다.

어린아이라면 아이의 학업 성적이나 수준보다 아이의 기본적인 성격이 어떤지 파악해야 한다. 내향적인가 혹은 외향적인가? 세심한 편인가? 혹은 대범한 편이가? 자신감을 어디서 얻는 편인가? 경제적, 문화적, 교육적 수준이 낮지 않은 강남에서 아이가 그러한 외부적인 요소들로 인해 상처받을 수 있음도 고려해야 한다. 아이의 '마음'이 상하는 일이 있을 수 있다는 말이다. 생각보다 예상치 못하게 잘사는 집 아이들 사이에서 아이가 자신감을 잃거나 주눅 드는 경우도 많기 때문이다.

또 입시를 앞둔 자녀라면 객관적으로 우리 아이가 내신에 유리한 아이인지, 수능에 유리한 아이인지를 잘 살펴야 한다. 강남에서 아이를 키우려면 내신은 포기해야 한다는 말이 있을 정도로 강남에서는 공부 좀 한다는 소리를 듣기가 쉽지 않다. 아이가 학교 시험에 더 강한 유형이라면 비강남권 일반고에서 자신의 페이스를 유지하며 공부하는 쪽이 더 맞을 수 있다. 반면 엄마가 오히려 공부를 하지 말라고 말려야 하는 노력파이면서 실전에 강한 대범함까지 갖추고 있다면 강남 학군에서 공부하는 것이 크게 무리되지 않을 수 있다.

그렇다면 아이의 성향을 제대로 파악할 수 있으려면 어떻게 해야 할까?

우선, 엄마가 우리 아이의 성향을 파악할 수 있는 최고의 도구이자 검사자임을 알자.

아이의 성향에 대한 정보를 얻기 위해 다양한 검사들을 하는데 물론 비용이 드는 검사를 통해서 양질의 정보를 얻을 수도 있다. 하지만 내 자녀를 가장 잘 파악하는 방법은 엄마의 관찰이라는 것을 잊지 않았으면 한다. 엄마들은 우리 아이들을 파악할 수 있는 이미 다양한 촉을 지니고 있다. 일상에서 아이들이 보이는 행동, 말 속에서 이미 엄마들은 아이에 대한 많은 정보들을 수집할 수 있다.

둘째, 여러 선생님으로부터 얻는 아이에 대한 정보를 귀담아 듣자.

학교선생님이든 학원 선생님이든 아이가 만나는 선생님들로부터 아이에 관해 듣는 이야기는 객관적일 가능성이 높다. 선생님은 수많은 아이들을 만나오고 가르치기에 보다 아이에 관해 객관적으로 이야기 해줄 수 있는 사람이다. 그들의 이야기에 귀 기울여보자.

셋째, 아이의 성향을 파악할 수 있는 무료 검사 도구를 활용해보자.

많이들 알고 있는 성격유형검사 MBTI 검사는 무료로 질문지를 받아 볼 수 있는 곳이지만 실제로 인터넷 사이트에서 검사할 수도 있다. 이 외에도 다중지능검사지나 아이의 성향을 파악할 수 있는 검사지나 도구들이 많이 있다. 하지만 여기서 주의할 점은 그것만을 맹신하여 아이를 어떤 유형 안에 가두어서는 안 된다. 범주화된 유형 안에서도 아이가 다양한 성향을 복합적으로 가지고 있을 수 있다는 유연성을 엄마가 꼭 가지고 있어야 한다.

우리 아이에게 맞는 옷을 입혀주자. 아이의 성향에 맞는 교육을 시

켜주자는 말이다. 남들이 효과 본 방법이 꼭 우리 아이에게는 맞지
않을 수 있다. 남들이 좋다고 한 강남이 우리 아이에게는 견디기 힘
든 곳이 될 수도 있다. 몸에 맞지 않은 불편한 옷을 입히려고 애쓰지
말자. 아이의 성향을 파악하는 것이 무엇보다도 먼저임을 아는 엄마,
그래서 아이에게 저마다 다른 옷, 맞는 옷을 입혀 줄 줄 아는 엄마가
되기를 바란다.

학부모 공개수업은 무조건 참석한다

강남 학군으로 발령받아 가장 인상적이었던 것 중에 하나는 바로 대부분의 엄마들이 학부모 공개수업에 참관한다는 점이었다. 그전까지는 학부모 공개수업 날 교실을 빽빽하게 채우며 서 있는 엄마들의 모습은 좀처럼 보기 쉽지 않았다.

아직도 잊히지 않는다. 강남으로 발령받아 첫해에 있었던 두 번의 학부모 공개수업에 학급의 모든 학부모님들이 참석했던 일을.

3월 신학기가 시작되는 날, 아이들 편으로 건네는 담임선생님 편지에 학부모 총회와 공개수업에 관해 미리 얘기를 해 둘 만큼 이것을 매우 중요하게 생각한다. 엄마들이 학부모 공개수업에 참석하는 것이 왜 그렇게 중요한 일일까?

첫째, 학부모 공개수업에 참여하는 것은 다름 아닌 우리 아이들에게 엄마의 '관심'과 '사랑'을 표현할 수 있는 절호의 기회이다.

매년 학부모 공개수업이 시작되기 전에 나는 늘 아이들에게 이렇게 이야기한다.

"여러분, 본격적인 수업에 들어가기 전에 우리 뒤를 한번 볼까요? 우리 엄마 어디 계시나 찾아보세요. 눈 마주치고 인사했으면 손도 흔들어보세요. 살인 미소도 날려드리세요. 자, 충분히 인사 나눴어요? 그럼 우리 이제 수업에 집중하는 거예요. 알겠죠?"

자신의 엄마를 찾아 여기저기 눈길을 보낼 아이들이라는 것을 알기에 나는 사전에 이러한 시간을 갖는다. 이렇듯 아이들은 엄마가 학교에 자신을 보러 와준 것만으로도 기뻐하며 즐거워한다. 아이들은 그렇게 엄마를 찾아 두리번거리며, 엄마의 눈길이 자신에게 온전히 닿기를 기다린다. 그렇다면 반대로 엄마가 오지 않은 아이라면 어떨까? 겉으로는 괜찮은 척하지만 속으로는 속상하고, 위축되어 있을지 모른다. 그래서 나는 매년 혹시라도 엄마가 공개수업에 오지 못하는 아이들이 있는지 미리 파악해둔다. 그래서 당일 날 아무도 눈치 채지 못하게 그 아이들을 위한 보이지 않는 배려를 수업시간 곳곳에서 하고는 한다.

아이가 보다 많은 자신감으로 학교생활을 당차게 해나가기를 바란다면, 학부모 공개수업에 참석하는 일부터 꼭 챙기기를 바란다.

둘째, 담임선생님에 대한 신뢰를 쌓을 수 있는 기회이다.

학부모 공개수업에 참석하게 되면, 평소 담임선생님의 수업 방식을 엿볼 수 있고, 수업을 통해 선생님의 교육철학까지도 일정 부분 알 수 있게 된다. 대부분의 많은 선생님들은 이 학부모 공개수업을 위해 많은 연구를 한다. 엄마들의 입장에서 아이가 발표하는 모습을 다들 한 번씩은 보고 싶어 하지 않을까 생각하고, 일부러 그러한 수업을 의도적으로 계획하기도 한다. 그러한 수업을 참관하면서 아이를 보내놓고 조금은 불안했던 마음이 다소 안정이 되는 것을 스스로 느끼게 될 것이다. 그 과정에서 담임선생님에 대한 신뢰도 조금씩 커져 갈 것이다. 이러한 신뢰는 한 해 동안 담임선생님과 좋은 관계를 유지하는 데 매우 중요하게 작용할 것이다.

셋째, 우리 아이의 학교생활을 전반적으로 살펴볼 수 있는 기회이다.

아이가 평소 수업을 받는 태도가 어떨지 많은 엄마들이 궁금해한다. 학부모 공개수업에 일단 와서 아이를 보게 되면 그 궁금증의 반 이상이 해결될 것이라고 말하고 싶다. 학부모 공개수업은 아이가 공부하는 모습을 눈앞에서 라이브로 지켜볼 수 있으니 그러한 궁금증은 참석만 하면 저절로 풀린다. 공부하는 모습만 볼 수 있는 것이 아니다. 교실 뒷면이나 앞면에 있는 환경 게시판에 아이들의 작품이나 글은 아이들의 학교생활을 엿볼 수 있는 또 하나의 중요한 자료들이다. 아이가 그리거나 만든 미술작품, 꼭꼭 눌러쓴 글들은 아이가 교실에서 보내는 시간들을 떠올려 볼 수 있는 귀중한 자료들인 것이다.

나는 엄마들에게 일부러 수업만 보고 가지 말고, 아이들의 서랍, 사물함, 평소 작품들이나 학습지를 모아둔 파일들 등 여러 가지들을 다 열람하고 가라고 당부한다. 그리고 열어보고 나서 놀라지 말 것을 함께 당부한다. 평소 있는 그대로의 모습을 보여주자는 철칙 아래 안타깝게도 아이들은 자신들도 모르는 사이 엄마에게 정리가 안 된 사물함을 습격당하게 된다. 그것도 학교생활의 일부분을 자치하는 아이의 모습이기 때문에 알아둘 필요가 있다고 생각한다. 정리하고 자신의 물건을 챙기는 습관은 가정에서 시작되어야 하기 때문이다. 담임 선생님으로서 아이들이 정리 습관을 가질 수 있도록 10년을 받쳤지만, 가정에서 협조가 안 되면 밑 빠진 독에 물 붓기가 되기 싫다는 것을 뼈저리게 느꼈다.

아이들의 서랍, 사물함에서 나오는 밀린 가정통신문을 볼 수도 있고, 생각보다 깨끗하게 정리되어 있다고 생각할 수도 있다. 어느 쪽이든 아이들의 학교생활을 엿볼 수 있다는 점에서 매우 의미가 있다.

가끔 아이들이 학부모 공개수업에 엄마가 오면 평소 모습과는 달리 더 열심히 하는 모습을 보이고는 하는데 그 모습도 매우 의미가 있다고 본다. 엄마가 왔으니 더 잘해야겠다고 마음먹는 아이, 예쁘지 않은가? 그러한 마음을 먹는 아이라면, 분명 엄마에게 잘 보이고 싶어서일 것이고, 그것은 또 엄마를 그만큼 좋아하고 사랑한다는 반증

일 것이다. 난 그리하여 평소보다 많이 잘하는 아이를 볼 때면 사랑스럽다는 생각이 든다. 하지만 아이들은 아이들이기에 그런 마음가짐도 집중력의 한계인 10분, 15분을 넘기기 힘들다. 그러니 아이들의 그 모습이 평소 모습이겠거니 생각하고 보면 된다.

그런데 실제로 본 아이의 모습이 영 실망스러울 경우는 어떻게 해야 할까? 남들은 손을 들고 큰 소리로 발표를 잘하는데, 우리 아이는 소심하게 손 한번 들지 않을 경우, 다들 집중해서 설명을 듣는데 산만하게 행동하는 경우, 수업의 내용을 잘 따라가지 못하는 경우 등 다양한 경우가 있을 수 있다.

하지만 실망하지 말라고 이야기하고 싶다. 아이들은 커 가는 과정이니 그 한 번의 수업으로 결론을 내리지 않았으면 한다. 앞의 경우는 특히 더욱 더 걱정할 필요가 전혀 없고 실망할 필요가 없는 상황들이다. 긴장해서일 수도 있고 그날따라 뭔가 마음이 내키지 않아 그럴 수도 있다. 다른 사람들 눈치나 시선에 신경 써서 괜히 집에 온 아이에게 그날의 학부모 공개수업에 대해 조곤조곤 훈계하지 않기를 진심으로 바란다.

그런데 만약 아이의 행동이 다른 친구들에게 신체적이나 정신적으로 해가 가는 행동이라면 이야기가 달라진다. 그때는 담임선생님과 꼭 진지한 상담을 가져보기를 바란다. '커가는 과정에서 그럴 수도 있지.'라는 말은 남에게 피해가 가더라도 크게 문제가 되지 않는 경우에만 유효하다.

만약 자신의 아이가 마음이 아파서, 정신적으로 힘들어서 하는 행동이 있다면 꼭 담임선생님과 상담 후에 그 아픈 곳을 치료해주는 방법을 찾기를 바란다. 그렇게 해야 하는 이유는 학교생활은 단체생활이기 때문에 자칫 제때 아이의 아픈 곳을 보듬지 못하면 아이가 더 큰 상처로 더 힘들어질 수 있기 때문이다. 가끔 학부모 공개수업에서 이런 행동을 보이는 아이의 모습을 애써 부정하고 외면하려고 드는 엄마들을 보게 된다. 당장은 힘들겠지만, 아이가 아프다고 말하는 신호를 놓치지 않고 받아들여 원인을 찾아 빨리 도와주어야 한다.

마지막으로 학부모 공개수업에 참석하는 엄마들에게 부탁하고 싶은 말이 있다. 우선 아이에게 너를 감시하러 온 것이 아니라 응원하러 왔다고 말하는 시선을 보내주자. 가끔 평소보다 발표를 덜 하는 모습을 보이거나 지나치게 긴장하고 있는 아이들을 발견할 때가 있다. 그런 아이들의 뒤에는 항상 엄격하게 그들을 지켜보고 있는 엄마들이 있었다. 그래서 뭔가를 발표하고 싶어도 혹시 틀려서 꾸중을 들을까 봐 손을 들지 않는 것이다. 긴장한 아이들은 매우 경직되어 있고 좀처럼 웃지 못한다. 그런 아이들을 볼 때면 안쓰럽다. 아이가 학교생활을 잘하고 있는지 감시하러 오거나 평가하러 온 사람이 아님을 아이들이 느끼게 해주는 엄마이기를 바란다.

그리고 그러한 응원이 담긴 따뜻한 시선을 담임선생님에게도 보내주자. 아마 그런 시선을 한 몸에 받는 선생님은 진심으로 그것에 보답하는 멋진 수업을 할 것이며 한 해 동안 아이들을 위해 열심히 애쓸 것이다.

학부모 공개수업에 참석하는 일은 단순히 아이가 수업을 받는 모습을 볼 수 있는 기회로만 그치지 않는다. 그 이면에 숨겨진 많은 가치들을 볼 줄 아는 현명한 엄마들이 많기를 바란다. 참석하지 않아도 되는 이유보다 꼭 참석해야 하는 이유가 훨씬 더 많다. 지금부터라도 무슨 일이 있어도 학부모 공개수업만큼은 꼭 빠지지 않는 엄마가 되어보자.

아이와 함께 알림장을 확인하는 습관을 가진다

우리 반에서는 알림장이라는 말 대신 '새끼손가락'이라는 말을 쓴다. 우리가 무엇인가를 약속할 때 새끼손가락을 걸고 하는 것처럼, 그곳에 적는 것들은 잘 잊지 않도록 노력하자는 의미였다. 알림장에는 말 그대로 알려주는 말들을 적어준다. 과제를 내주는 경우는 흔치 않았다. 대신 아이들이 학교생활을 하는 데 있어서 가정에서도 꼭 알아야 하는 내용이나 아이들이 준비해야 하는 것들을 주로 적는 편이다. 학교 교육활동에 관한 알림 사항이 많은 가정통신문은 자칫 엄마들의 손에 닿기도 전에 사라지는 경우가 흔해서 꼭 알림장에 적어준다.

3월 초 아이들이 가장 먼저 받게 되는 가정통신문 중에 하나가 '아동기초조사서'이다. 학교마다 부르는 이름과 형식이 조금씩은 다르겠지만, 아이들의 기초적인 정보를 적게 되어 있는 조사서는 어느 학교나 아이들 편으로 학기가 시작하는 날 배부하게 된다. 강남에 와서 아이들을 가르치면서 인상적이었던 것 중에 하나가 바로 이 가정통신문의 회수율이다.

아이들에게 3월 첫날 알림장에 '아동기초조사서 내일까지 꼭 가져오기'라고 적어주면서 시한을 너무 짧게 주는 것은 아닌지 마음에 걸렸다. 하지만 그동안의 경험을 바탕으로 보자면 이렇게 다소 재촉 아닌 재촉을 해야 몇 장이라도 더 빨리 걷혀진다는 것을 알기에 야박한 시일을 밀고 나갔다. 사실 그 조사서가 빨리 걷혀지고 늦게 걷혀지는 일이 뭐 그렇게 중요한 일이라고 조급한가 하고 생각할 수도 있다. 하지만 학교에서 교사는 가르치는 일만 하는 것이 아니라 다양한 업무를 함께 하다 보니 이런 가정통신문을 회수하는 일은 되도록 빨리 처리하는 것이 상책이다.

알림장에 그렇게 적어 준 다음 날 정말 모든 아이들이 그 아동기초조사서를 제출했다. 그동안 경험해 보지 못한 일이었다.

내가 여기서 강조하고 싶은 것은 바로 강남 엄마의 이런 알림장을 챙기는 관심이 큰 차이를 만들어 낼 수 있다는 것이다. 초등학생 시절은 습관을 정립하는 시기이다. 공부를 하는 습관, 내 물건을 챙기고 그것을 정리하는 습관 등 인생을 살면서 꼭 필요한 습관을 기르는 시기가 바로 초등학교 시절인 것이다. 그래서 이 시기에는 어떤 학습의 깊이나 양에 신경을 쓰기보다는 학습을 하는 태도, 혹은 생활에서 필요한 습관을 바로 잡는 것에 집중해야 한다. 문제는 그 습관은 단번에 생기지 않는다는 것이다. 꾸준한 반복을 통해 습관이 만들어지는 것이다. 초등학생들은 아직 자기 주도성이 완성되지 않은 시기이므로 엄마의 역할이 중요하다. 엄마가 옆에서 아이의 습관을 형성하는 데 있어 도움을 주는 조력자가 되어야 한다. 그 올바른 학습 및 생활 습관을 길러주고 싶다면 아이들의 알림장을 함께 확인하는 것부터 시작하자.

가끔 학교로 민원 전화가 걸려오는 속내를 살펴보면, 이 아이의 알림장을 잘 확인하지 못해서 발생하는 경우가 종종 있다. 많은 강남 엄마들의 관심사인 '영재교육선발'에 관한 안내는 학교에서도 철저하게 공지하는 편이다. 학교 차원에서는 학교 홈페이지에 공지를 하고 각 교실에서는 담임선생님들께서 가정통신문 전달과 함께 알림장을 통해 한 번 더 확인할 수 있도록 이를 꼭 적도록 지도한다. 그리고 알림장 검사라는 것을 통해 한 번 더 확인한다. 그럼에도 불구하고 안내를 받지 않았다고 연락이 오는 경우가 있다.

한 동료교사는 아이의 알림장을 교무실로 가져가 교감선생님께 안내했다는 증거물을 보여주며 웃지못할 해프닝을 겪기도 했다. 여기서 중요한 것은 그 아이는 평소 담임교사의 전달을 잘 잊거나 흘려듣는 경우가 많다는 것이다. 이 아이는 엄마가 영재교육에 관심을 가질 만큼 공부는 좀 하는 아이였을 수 있을지 모르나, 바른 생활 습관은 정립되지 않은 아이었다. 어릴 때부터 바른 습관이 정리되지 않으면 이렇게 엄마가 계속 뒷북을 치는 일이 생기거나 아이의 AS를 평생 도 맡아서 해야 할지 모른다.

그렇다면 알림장을 통해 아이의 바른 생활 습관을 어떻게 기를 수 있을까? 아이와 함께 알림장을 확인하는 습관을 가지라고 해서 하나 부터 열까지 엄마가 다 챙겨주고 해주라는 말이 절대 아니다. 현명하 게 알림장을 활용하는 방법 몇 가지를 소개하면 다음과 같다.

첫째, 알림장은 되도록 빨리 아이와 함께 확인한다. 가장 좋은 것 은 하교 후 아이가 집에 왔을 때 바로 확인하는 것이다. 그 이유는 알 림장을 확인하면서 자연스럽게 그날 아이가 학교에서 보낸 시간에 대해 대화를 나눌 수 있기 때문이다. 아이의 학교생활에 대한 이야기 도 들을 수 있고 아이의 내일도 준비할 수도 있다. 한마디로 일석이 조인 것이다. 가끔 잠자기 전에 알림장을 확인하는 엄마들이 있다. 너무 늦은 시간에 하게 되면 사야 하는 준비물이 있는 경우는 알림장 을 확인했어도 준비물을 챙기지 못하는 일이 생기기 때문에 되도록 알림장을 빨리 확인하는 것이 좋다.

워킹 맘일 경우는 퇴근하고 온 후에 바로 아이들의 알림장부터 챙 겨볼 것을 권한다. 하지만 퇴근 시간이 들쑥날쑥한 엄마일 경우는 전 화로 아이의 알림장을 확인 해 보는 것을 추천한다. 전화로 알림장을 확인할 때에도 그날의 아이의 일과에 대해 일상적인 이야기를 나누 는 것부터 시작하자. 자연스럽게 알림장에 적어온 내용들을 엄마와 함께 공유할 수 있는 분위기를 먼저 형성해야 한다. 그 전화 통화는 단순히 알림장을 확인하는 시간이 아니라 아이와 시간을 함께 오래 하지 못하는 엄마의 빈자리를 매울 수 있는 좋은 기회로 활용될 수 있다. 전화로 알림장을 확인하면서 아이가 해야 할 일에 대해 지시하고 확인하기보다는 아이가 어떤 일을 순서대로 해야 하는지 스스로 대답할 수 있는 질문을 던지도록 한다.

둘째, 학교숙제는 바로 하도록 한다. 현명한 엄마라면 학교 숙제를 학원 숙제보다 먼저 챙기기를 바란다. 이것은 중요성의 문제가 아니라 습관의 문제이다. 해야 할 일은 바로 미루지 않는 습관! 그것을 기르는 것이 중요하다. 이와 마찬가지로 학원 숙제는 학원을 다녀와서 바로 하도록 하면 되는 것이다. 물론 학원 숙제의 양이 엄청나며 학원이 끝나는 시간 자체가 늦다는 것을 감안했을 때 언감생심의 말이 될 수 있음을 안다. 하지만 이것만큼은 확실히 해둘 수 있다. 학교 숙제 잘 안 하는 아이가 학원 숙제를 잘할 일은 만무하다는 것, 이것이다.

셋째, 준비물은 아이가 스스로 챙기도록 한다. 요즘은 각 시도 교육청에서 학교로 학습준비물을 구비할 수 있는 예산을 지원해주기 때문에 전보다 사서 준비물을 챙겨갈 것이 줄어들었다. 하지만 개인적으로 써야 하는 악기라든지, 그 밖의 어떤 수업을 위한 특수한 준비물일 경우는 가정에서 챙겨야 하는 것들도 있다. 그러한 준비물을 챙길 때는 꼭 아이들이 스스로 챙길 수 있도록 엄마는 옆에서 지켜봐 주도록 하자. 모든 것을 엄마가 챙겨주는 것은 의미가 없다. 집에 있는 준비물이든 사야 하는 준비물이든 꼭 아이가 스스로 챙길 수 있는 기회를 주도록 하자.

넷째, 선생님과 소통의 장으로 활용한다. 담임선생님께 전할 말이 있거나 궁금한 것이 있으면 알림장의 빈 공간을 이용하여 적어서 아이 편으로 보내는 방법이 좋다. 알림장은 굳이 전화나 직접 학교로 방문하지 않아도 손쉽게 담임선생님과 연락할 수 있는 좋은 소통의 장이 될 수 있다.

다섯째, 알림장에 관해 다그치지 않도록 한다. 경우에 따라서는 아이가 알림장을 성실하게 적어오지 않는 경우가 있을 수 있다. 이때에는 과감하게 아이에게 불편한 경험을 한 번쯤은 하도록 두는 것도 방법이 될 수 있다. 준비물을 제대로 가져가지 못해서 혹은 숙제를 제대로 해가지 않아서 수업에 제대로 참여하지 못하거나 선생님께 주의의 말을 듣게 되면 아이는 그것을 통해 많은 것을 느낄 수 있다. 또 알아볼 수 없는 글씨로 적어온 경우에도 아이를 혼내는 말 대신 재치 있게 그 상황을 재미있게 만들어보자. 이렇게 말이다.
"와, 재미난 외계어가 있네. 우리 함께 해독해 볼까? 흠 오늘 것은 더 어렵네. 우리 00이가 엄마의 실력을 테스트하려고 이렇게 적은 거야?"

아이는 혼난 것은 아니지만, 괜한 찔림과 민망함으로 다음번에는 좀 더 정성스럽게 알림장을 적어올지 모른다. 아이와 엄마의 소통에 문제가 생기지 않도록 하는 것이 중요하다.

알림장을 매일 엄마와 확인하면서 내일의 학교생활을 준비하는 것은 장기적으로 볼 때 아이의 미래를 준비하는 것과 같다. 아이와 알림장을 함께 확인하면서 아이와 엄마가 대화하는 습관을 기르자. 아이가 자신이 해야 할 일을 미루지 않는 습관을 만들어 주도록 해야 한다. 더불어 아이가 자신의 물건이나 일을 스스로 챙기는 습관을 기르도록 하자. 엄마가 아닌 아이의 주도로 말이다. 그러한 습관 하나하나가 모이면 아이는 공부뿐 아니라 자신의 삶을 자신의 의지대로 계획할 줄 아는 아이로 자랄 것이다. 작은 습관이 큰 차이를 만든다는 것을 잊지 말자.

악기든 운동이든 즐길 거리를 만들어 준다

강남 아이들을 가르치면서 눈에 띄게 다르다고 느꼈던 것은
바로 누구나 악기 하나쯤은 다룰 수 있다는 사실이었다. 꼭
악기가 아니더라도 아이들은 좋아하는 운동 한 가지쯤은 따로 시간
을 내서 배우고 있었다. 한마디로 정리하자면 아이들은 악기든 운동
이든 자신들이 즐길 수 있는 것들이 있었다. 그 즐길 거리가 갖는 중
요성은 여러 가지에서 찾을 수 있다.

첫째, 아이만의 필살기 무기를 갖게 되는 것이다. 많은 엄마들이
우리 아이가 반에서 인기가 좋은 아이가 되었으면 좋겠다고 생각한

다. 담임교사로서 10년을 아이들과 함께 보낸 경력을 바탕으로 했을 때 학급에서 인기가 있는 아이들의 공통점에는 자신만의 매력, 무기가 있다는 것이다. 친구들의 마음을 사로잡는 그 무기가 바로 악기나 운동이 될 수 있다.

한 반을 맡아 아이들을 가르치게 되면, 일 년에 두 번 정도 생일잔치를 열고 아이들에게 장기자랑을 준비하도록 한다. 매년 아이들에게 무엇을 하든 크게 상관없지만, 학급의 모든 아이들이 참여해야 한다는 것을 원칙으로 한다고 말했었다. 이 장기자랑은 아이들의 매력을 친구들에게 한껏 알릴 수 있는 좋은 기회이다. 아이들은 자신이 할 수 있는 무엇인가를 고민하게 되고, 삼삼오오 모여 연습을 하기도 한다. 아이들이 발표하는 수준이 뛰어나지 않아도, 나름 최선을 다해 준비하는 무대이니 만큼 다들 큰 박수를 받도록 한다.

앞에서도 이미 언급했지만 아이들이 연주할 수 있는 악기들이 하나쯤은 있다 보니 장기자랑 프로그램이 매우 풍성해진다. 우리 반만의 문화 콘서트가 되는 것이다. 악기도 돈이 있으니까 가르치는 것이라고 생각하는 사람이 있을까 봐 미리 이야기하지만, 실제로 비싼 레슨비를 주고 배우는 아이들은 드물었다. 아니 적어도 나는 본 적이 없었다. 아이들은 주로 학교에서 운영하는 방과 후 학교 프로그램을 이용해 그런 악기들을 주로 배우고 있었다.

또한 악기 자체가 비싼데 어떻게 가르치는지 묻는 사람이 있을까 봐 미리 이야기하지만, 꼭 비싼 악기가 아니어도 좋다. 아이들에게 새로운 악기를 사줄 수 없다면, 리코더나 단소 등 학교에서 배우는 악기를 꾸준히 연습하는 것도 좋은 방법이다. 실제로 장기자랑에 리코더를 들고 나와 연주하는 아이들이 꽤 많다. 그런데 그 연주하는 아이들의 표정은 어떤 값비싸고 희귀한 악기를 연주하는 것보다도 진지하고 자신감에 넘친다.

둘째, 아이들이 받는 스트레스를 건강하고 현명하게 재능으로 바꿀 수 있다. 바쁜 스케줄을 소화해내는 요즘 아이들에게 이 즐길 거리는 어쩌면 숨통을 틔게 해주는 고마운 존재일 수 있다. 강남, 강북할 것 없이 대한민국 전국에 있는 아이들은 어린 나이부터 참 바쁘게 산다. 학교에서 배우는 것으로도 모자라 방과 후에도 배울 것은 왜 그렇게 많은지, 그런 아이들이 가엽게 여겨지기도 한다. 국어, 수학, 과학, 영어 등 흔히 주지교과라고 하는 과목들을 위해 학원에 가서 공부하는 시간을 줄이고 아이들이 좋아하고 스스로 즐길 수 있는 무엇인가를 만들어 주는 것은 아이의 먼 미래를 위해 꼭 필요하다. 아이가 배우고 싶어 하는 악기나 운동 혹은 다른 어떤 것이라도 좋다. 아이들이 공부하면서 받는 스트레스를 자신의 재능을 발굴하는 데 쏟을 수 있는 기회로 바꾸는 지혜가 필요하다.

셋째, 악기든 운동이든 즐길 거리가 있는 아이들은 일상 속에서 자연스레 문화적 소양을 갖출 수 있다. 그 악기나 운동이 그들에게 훗

날 큰 자산이 될 것임이 내 눈에는 보였다. 거창하게 문화적 소양이라고 표현했지만, 이것은 정말 앞으로의 시대를 살아갈 아이들에게는 특히 중요한 부분이다. 삶을 풍요롭게 만드는 것은 문화이며, 그 문화는 어릴 때부터 악기나 운동 등 다양한 예체능의 경험을 하는 것에서부터 만들어질 수 있다. 이 문화는 삶의 질을 결정짓는 중요한 요소가 될 것임으로 이것을 어릴 때부터 경험하는 것은 매우 중요한 문제이다.

상대성의 원리로 유명한 아인슈타인은 본래 음악을 싫어했다고 한다. 하지만 피아니스트였던 그의 어머니는 아들이 음악을 사랑하는 사람으로 자라기를 원했다. 그래서 여섯 살 때부터 아이에게 바이올린을 가르쳤다. 열세 살이 되었을 때 모차르트 음악을 우연히 듣게 되고 그 뒤로 음악의 매력에 빠지게 된다. 처음에는 적극적이지 않았던 바이올린이었지만 다음과 같이 말할 정도로 아인슈타인에게 바이올린은 단순한 악기 그 이상의 의미가 된다.

"나의 방, 책상과 의자, 바이올린, 행복을 위해 이 세 가지 외에 무엇이 더 필요하단 말인가?"

천재라는 수식어가 붙는 아인슈타인은 그렇게 음악을 향유하며 삶의 여유를 느낄 줄 아는 과학자이자 예술가였다. 이 즐길 거리를 만들어 주는 데 있어 몇 가지만 당부하고자 한다.

우선 첫째, 되도록 그 즐길 거리는 아이가 하고 싶은 것이어야 한다는 것이다. 아인슈타인이 엄마처럼 자신이 좋아서 아이들에게도 권할 수는 있다. 하지만 여기서 중요한 것은 아인슈타인이 여섯 살에 시작한 바이올린이 열세 살이 되어서라도 좋아하게 된 이유는 아마도 연습을 강요하거나 바이올린 잘 배워야 한다는 압박감을 주지 않았기 때문이라고 추측해본다. 다시 말해 아이가 배우고 싶다고 한 것이든, 엄마의 제안으로 시작한 것이든 아이가 힘들어하면 쉬도록 해주어야 한다. 그래야만 작은 미련을 남겨둘 수 있고 그 미련이 그것을 다시 시작하게 하는 원동력이 될 수 있기 때문이다. 하기 싫은 것을 계속하게 강요한다면 질려버려서 절대 그것을 두 번 다시 하려고 들지 않을 것임을 꼭 명심해 두어야 한다. 아이가 배우고 싶지 않다고, 쉬고 싶다고 하면 바로 쉬어야 한다. 말 그대로 그것은 즐길 거리이기 때문이다.

둘째, 아이가 원하는 것을 배우도록 해주는 데 있어 가르치는 비용이 걱정된다면 자치구나 방과 후 학교에서 운영하는 프로그램을 이용해보자. 악기를 대여해서 가르쳐주는 기관도 많고 관련된 정보를 검색해보면 생각보다 비싸지 않은 돈으로 여러 가지 악기를 배울 수 있다. 그리고 학교에서 정규수업시간에 배우는 악기나 운동 등 다양한 것들을 활용하도록 하자. 아이들이 갖게 되는 즐길 거리에는 귀천이 없다. 무엇이든 아이가 즐길 수 있고 그것을 했을 때 재미있어 하면 그만이다.

다시 한 번 말하지만, 아이가 학급에서 미친(?) 존재감으로 친구들의 사랑과 관심을 받기를 원한다면 아이가 즐길 수 있는 자신만의 무기를 갖도록 해야 한다. 곧 그것이 아이의 개성이 된다. 아이들이 살게 될 시대는 더욱이 그 개성이라는 것이 매우 중요해진다. 자신만의 매력을 한껏 내뿜을 수 있는 그 무기는 아이가 좋아하는 어떤 것도 다 좋다. 아이가 즐길 수 있는 무언가를 꼭 하나씩 만들어주자. 그 즐길 거리는 악기, 운동, 춤, 마술 등 여러 가지가 될 수 있다.

다 큰 어른들도 보면 할 줄 아는 것이 많은 사람들이 매력적이라는 말을 듣는다. 언뜻 보기에는 특별할 것이 없는 사람이 피아노 앞에 앉아 아름다운 선율을 연주하기 시작하면 사람들의 눈빛이 달라짐을 느낀다. 어릴 때부터 배워 온 그 악기가 그 사람의 매력을 한껏 높여 준다. 매력이라는 것은 그렇게 사소한 것에서 피어나온다.

내 아이가 매력남이나 매력녀로 살기를 원하는가? 그렇다면 아이에게 즐길 거리를 만들어주자. 그렇게 어릴 때부터 즐길 거리가 있었던 아이는 삶도 그렇게 즐기며 때로는 힘들면 알아서 쉬기도 할 줄 아는, 좀 놀 줄 아는 멋진 아이로 커 나갈 것이다. 나는 우리 아이가 잘 즐길 줄 아는, 혹은 잘 놀 줄 아는 아이었으면 한다. 삶을 즐길 줄 알고 잘 노는 아이가 세상에 어필되는 사람으로 성장할 것임을 알기 때문이다.

우리 아이는 어떤 즐길 거리를 가지고 있는가? 지금 당장 없어도 괜찮다. 하지만 더 늦어지는 것은 괜찮지 않다. 즐길 거리도 아이의 삶 속에서 하나의 작은 습관으로 자리 잡아야 하기 때문이다. 오늘 당장 아이가 하고 싶은 것을 찾아서 그것을 즐기도록 해주자. 아이들 은 그 즐길 거리들을 배우면서 점점 인생을 색다르게 사는 방법을 알 아갈 것이다. 그런 아이들은 인생 자체를 즐기며 살 수밖에 없지 않 을까?

아이의 이름이 들어간 책으로 학생부종합전형을 준비한다

"**선**생님, 주위 분들이 영훈이는 선생님 복이 많다고 하서요. 저는 1학년 때 미운 아기 오리였어요. 2학년 때는 아기 백조였어요. 3학년 때는 서서히 백조가 될 것 같아요. 나중에는 진짜 백조가 될 거예요. 선생님 감사합니다."

영훈이를 떠올리면 이 감동적인 편지와 함께 생각나는 것이 있다. 영훈이가 직접 그리고 쓴 그림책 세 권이 바로 그것이다. 영훈이는 아빠의 사업 실패로 갑작스럽게 어려운 가정 형편에 놓이면서 정신적으로 충격을 받아 소아 우울증을 겪었던 경험이 있었다. 그 영향인지 아이는 또래에 비해 비교적 집중력이 약했고 해야 할 일들을 제때

해내는 적이 드물었다. 반면 손재주가 좋았고 미술시간에는 창의적인 작품들을 잘 만들어냈다. 그런 아이의 강점을 부각시켜 주며 칭찬해주자 아이는 자신감을 회복하며 즐겁게 학교생활을 해나갔다.

한 해 동안 그렇게 별 탈 없이 학교생활을 잘한 것만으로도 기특하게 여겼던 영훈이었다. 그런데 학년이 마무리 되어가던 어느 날, 영훈 엄마는 영훈이가 직접 그린 그림과 글을 엮어 그림책으로 만들었다며, 내게 그림책 세 권을 건넸다. 시중에서 파는 그림책과 비교해도 손색이 없는 표지와 편집이 매우 인상적이었다. 아이의 상상력이 가득 담긴 글과 그림들이 엮어진 그림책을 보는 내내 감탄했다. 이 그림책은 나뿐 아니라, 아이에게도 큰 선물이 되었음에 분명했다. 아이에게 자신의 이름이 들어간 책을 선물해 준 영훈 엄마의 현명함에 박수를 보내고 싶었다.

영훈 엄마뿐 아니라 아이가 자신의 이름이 들어간 책을 갖도록 해주는 엄마들이 점점 더 늘어나고 있다. 각 시도 교육청의 학생 저자 양성을 위한 책 쓰기 지원 열풍도 이러한 변화에 한몫을 하고 있다.

작년 12월 대구에서는 전국의 책 쓰기 담당 교사와 책 쓰기 동아리 초·중·고교생, 학부모, 출판업자가 모여 대규모의 책 축제가 열렸다. 일찍이 대구시교육청은 2009년부터 '1인 1책 쓰기운동'과 '책 쓰기 동아리'를 활성화시키고 있었다. 이러한 활동에 지금까지 4만여 명의 학생 저자가 참가했으며, 책을 펴낸 학생들은 매년 6월 출판기념회를 갖고 있다. 학생 저자들이 발간한 '나만의 책' 4만여 권 중에서

112권은 시중에서 판매 중이다. 또 울산광역시교육청에서도 학생 책 쓰기 동아리 지도교사 연수를 적극적으로 지원함으로써 학생들의 책 쓰기 지도에 열을 올리고 있다.

나 또한 아이들의 글쓰기 지도를 통해 책 쓰기 교육을 펼치고 있다. 아이들에게 학기 초면 몇 권의 작문 공책을 준비하게 한다. 그냥 무조건 글을 쓰게 하는 것이 아니라 그 공책을 활용하는 방법에는 나만의 글쓰기 철학을 담아냈다.

첫째, 아무 때나 쓰고 싶을 때 언제든지 써도 된다는 것. 단, 수업 시간에는 선생님과 특정한 활동을 한 후 생생한 느낌을 글로 꼭 남길 것.

둘째, 아침에 등교하자마자 그날의 날씨를, 비유를 들어 자세히 쓸 것.

셋째, 학교나 가정에서 하게 되는 체험활동 후에는 그것을 통해 얻은 것을 꼭 적을 것.

다섯째, 매일매일 쓰도록 노력하지만 정 피곤할 때는 날짜와 날씨만이라도 적을 것.

여섯째, 꼭 길게 쓰려고 애쓰지 않아도 되지만 솔직하게 자신의 생각과 느낌을 쓸 것.

이렇게 내가 아이들이 글쓰기 교육에 심혈을 기울였던 이유는 글쓰기는 필수적으로 갖춰야 할 능력 중에 하나가 되었기 때문이다. 특목고를 준비하거나 학생부종합전형(2015년부터 입학사정관제에서 명칭 변경)으로 대학을 가기 위해서는 일명 '자소서'라고 줄여 부르기도 하는 '자기소개서'를 쓰게 되는데 이때 글쓰기 능력이 매우 중요하며, 미리부터 이런 소양을 길러주고 싶었다. 실제로 이러한 내용을 엄마들에게 아이가 상급 학교로 진학하기 전에 상담을 해주기도 했다.

이렇게 작문공책을 통해 아이들은 글쓰는 연습을 하게 되고 그러다 보니 글쓰는 실력이 날로 향상되었다. 내가 가르치는 아이들의 작문공책은 일 년에 한 권으로 끝나는 경우는 극히 드물었다. 못해도 두세 권이 되는 아이들이었기에 미리부터 여분의 공책을 학교에 구비해 두도록 했고, 그리고 다 쓴 작문 공책을 새것과 서로 붙이게 해서 아이들의 글을 차곡차곡 쌓아두게 했다. 학년이 끝날 때에는 그것들에서 글을 발췌하여 한 권의 책으로 엮어 아이들에게 선물했다. 새 학년으로 진급한 아이들은 담임교사에 글을 잘 쓴다는 칭찬과 더불어 각종 글짓기 시상에서 두각을 나타내는 활약을 펼쳐 나를 뿌듯하게 했다.

그 밖에 내 아이가 자신의 이름이 들어간 책을 갖게 되면 어떤 좋은 점이 더 있을까?

첫째, 어릴 때부터 자신만의 꿈을 찾고 스스로 진로를 개척할 수 있다.

아이가 이루고 싶은 꿈을 구체화시킬 수 있는 최고의 방법은 바로 책 쓰기이다. 김태광, 권동희의 '운명을 바꾸는 기적의 책 쓰기 40'에는 이와 관련된 다양한 학생들의 사례가 실려 있다. 경복고에 재학했던 조민섭 군은 '반만년의 역사를 세계에 떨쳐라-사이버 외교관 반크'라는 책을 펴낸 후 다음과 같이 말했다고 책에 나와 있다.

"사이버 외교관 교육을 받는 등 책을 쓰려고 경험을 쌓고 자료를 모은 덕분에 외교 분야로 진로를 결정할 수 있게 되었다."

조 군은 책을 쓰는 과정에서 자신의 꿈을 찾아 진로를 명확히 할 수 있었다.

반면 그 반대의 사례도 있다. '검사'라는 직업에 큰 매력을 느낀 한 학생은 검사와 관련된 직업을 조사해서 그것과 관련된 책을 쓰고 있었다. 그 과정에서 학생은 검사라는 직업이 자신의 적성과 맞지 않다는 판단을 내려 진로를 바꾸었다고 한다. 결과는 다르지만 결국 두 사례 모두는 책 쓰기는 자신의 꿈을 찾아 미래를 선명하게 그려 볼 수 있는 진로교육의 결정판이라는 것을 증명한다.

둘째, 자신만의 스토리로 학생부종합전형 입시에 성공하는 기회를 얻을 수 있다.

당시는 입학사정관제였던 입시 제도를 통해 몇 년 전 성균관대학교에 입학한 김신혜 양은 고등학교 2학년 때, 책 쓰기 동아리를 통해

'꾸물꾸물-11마리 애벌레의 추억 만들기'를 출판하였다. 책 속에는 아나운서의 꿈과 함께 자신이 선천적으로 타고난 신체적 장애에 대한 심리적인 아픔과 부담을 솔직하게 담아냈다. 이를 통해 '아나운서'라는 꿈에 대한 포부가 더욱 확고하다는 것을 느끼게 되었다고 성균관대학교 합격 수기를 통해 밝혔다.

대학입시 제도의 한 축이었던 입학사정관제는 2015년부터 학생부종합전형이라는 표현으로 바뀌었다. 명칭의 변화는 있지만 학생생활기록부, 자기소개서, 면접 등이 강조된다는 점에서 큰 틀은 같다고 볼 수 있다. 학생생활기록부나 자기소개서에서는 대외 수상 실적을 일체 언급해서는 안 된다. 반면 자신만의 장기적인 스토리가 들어 있는 자기소개서는 입학사정관의 마음을 움직일 수 있다. 자신이 직접 쓴 책 한 권만큼 장기적인 스토리를 대신할 수 있는 것은 없다고 본다. 학생생활기록부에 기록하게 되는 '독서활동'도 이 책 쓰기 활동을 하면서 읽은 책들과 연계되어 기록된다면 진정성 있고 남들과 차별화된 내용으로 기록될 수 있다.

자기소개서에서도 아이의 저서는 아이만이 할 수 있는 경쟁력 있는 활동으로 기록될 수 있다. 자기소개서의 어떤 몇 줄의 문장보다 자신의 책 한 권이 더 많을 것을 이야기할 수 있음을 기억하자.

셋째, 아이에게 큰 성취감을 맛볼 수 있게 하며, 자존감을 높여줄 수 있다.

책 한 권을 쓰는 것은 사실 독후감 한 편을 작성하는 것보다 더 많은 시간과 노력을 요구한다. 따라서 아이가 자신의 이름으로 된 책을 출간하는 기쁨은 그 어떤 것과 비교할 수 없을 만큼 클 수 있다. 그 기쁨을 통해 아이는 성취감을 크게 느낄 수 있으며, 그러한 성취감을 바탕으로 더 높은 자존감을 가질 수 있게 된다. 이는 아이가 앞으로 인생을 살아가는 데 있어 매우 중요하게 작용할 것이다. 크고 작은 일을 해나가는 데 있어 두려움보다는 할 수 있다는 자신감을 가지고 도전하는 자세를 갖추게 될 것이며, 자신의 앞날을 스스로 개척하여 주도적인 삶을 살아갈 것이다. 성인이 되어서도 부모에게 기대 살려고 하는 다 큰 어른들이 많은 요즘 세태를 보았을 때 이것은 매우 중요한 능력이다

그렇다면 아이에게 자신의 이름이 들어간 책을 갖도록 해주기 위해서는 어떻게 해야 할까?

우선 부담 없이 아이의 일기나 평소 글을 엮는 것에서부터 시작하라고 조언한다. 초등학생이라면 평소 쓰는 글들을 엮어 1년 단위로 책을 만들어주거나 혹은 6년의 초등학교 생활이 담긴 책을 졸업 전에 한 권으로 엮기를 권한다.

또 책 한 권으로 끝내는 것이 아니라, 아이의 성장에 맞게 책도 꾸준히 출간하도록 한다. 꼭 상업 출판이 아니더라도 좋다. 앞서서 말한 영훈이의 예처럼 상업출판이 아닌 책을 출간해주도록 돕는 곳이 많다. 중요한 것은 아이가 커 가면서 지속적으로 자신의 책을 내는

기회를 갖도록 하는 것이다. 그 책을 통해서 아이의 인지적, 정서적 성장을 함께 읽어낼 수 있다.

초등학생, 중학생, 고등학생 때 꾸준히 자신의 이야기를 책으로 펴 낸 아이는 그 어떤 특별한 진로교육 없이도 자신이 원하는 일을 찾고 그것을 바탕으로 대학진학도 그것과 관련해서 할 가능성이 많다.

아이에게 자신의 이름이 들어간 책을 쓰게 하자. 자신만의 스토리 가 담긴 책 한 권은 그 어떤 학벌 스펙보다 뛰어난 가치가 있다. 아이 가 자신이 이루고 싶은 꿈을 스스로 찾고 그것을 이루기 위해 자발적 인 노력을 하는 것을 보고 싶은 엄마라면, 꼭 아이에게 자신의 이름 이 들어간 책을 갖게 하는 기회를 주자. 남들과 차별화된 최고의 스 토리 스펙은 아이의 이름이 들어간 책, 한 권의 저서임을 꼭 기억하 자.

Tip 아이의 경제교육

한 TV 경제 프로그램에서 다음과 같은 퀴즈가 나왔다.

"경제교육은 □이다."

□ 안에 들어갈 말을 맞추는 것이 문제였다. 가만히 TV를 보고 있다가 무심하게 대답했다.

"유전."

정답은 무엇이었을까? 정말 '유전'이 정답이었다. '경제교육은 유전이다.'라는 말이 뜻하는 바는 부모의 경제관념과 습관이 아이들에게 많은 영향을 끼친다는 것이었다. 다시 말해 경제교육의 가장 좋은 방법은 부모가 모범을 보이는 것이라고 할 수 있다.

맞는 말이다. 이렇게 때문에 아이의 경제교육은 부모가 책임지고 어릴 때부터 신경 써서 해야 한다. 조기 교육이 필요한 것은 수학도 영어도 아니다. 진짜 조기 교육이 필요한 것은 바로 경제교육이다.

아이들에게 경제교육을 시키는 시기는 빠르면 빠를수록 좋다. 세계적인 부호들 역시 어릴 때부터 부모로부터 철저한 경제교육을 받았으며, 그것을 바탕으로 그들의 2세들을 교육시켰다. 그중 한 예로 석유사업가이자 미국 최초의 억만 장자인 폴 게티를 들 수 있다. 유전을 사들이고 게티 오일사를 설립하면서 석유왕이라고 불릴 만큼 성공을 거둔 폴 게티는 아이 스스로 용돈을 벌게 했다. 또 돈은 공짜로 생기는 것이 아니라 노력을 통해 버는 것이라는 것을 가르쳤다. 폴 게티가 이러한 경제교육을 할 수 있게 된 뒤에는 그의 부모가 있었다. 폴 게티의 부모는 사업현장에 아들을 자주 데리고 나가 각종 심부름은 물론 신문배달 아르바이트를 통해 스스로 용돈을 벌게 했고, 자신이 번 돈은 은행에 저축하도록 가르쳤다.

폴 게티뿐 아니라 전 재산의 85%를 기부하겠다고 발표한 투자의 귀재 워렌 버핏, 세계 최대 유통업체인 월마트 창업자 샘 월튼 등의 세계적인 부자들은 모두 부모로부터 철저한 경제교육을 받았고, 그것을 그들의 자녀들에게도 똑같이 적용하였다.

현명한 강남 엄마들은 이 점을 알고 있었다. 강남에서 아이들을 가르치면서 경제적으로 여유 있는 아이들을 어렵지 않게 보아오면서 한 가지 다르다고 느낀 점이 있었다. 아무리 잘사는 집 아이들이라고 해도 '돈'을 함부로 쓰지 않는다는 것이다. 오히려 받는 용돈이 또래 친구들에 비해 적거나 아예 없는 경우가 많았다. 또한 엄마는 아이가 원하는 것을 다 사주지 않는다. 어떤 것이든 이유 없이 무조건 사주는 법이 없었다. 현명한 강남 엄마는 자신들의 경제적 여유를 가지고 아이들에게 무한한 물질적 공세를 펼치지 않는다. 그들은 아이가 절제력이 길러질 때까지 올바른 경제적 습관을 가질 수 있도록 노력했다.

오지혜의 '그들은 어떻게 강남 부자가 되었는가'에서도 관련된 내용을 찾을 수 있다. 상위 1% 고액자산가들의 자산관리 업무를 줄곧 해온 저자는 현명한 강남 부자들은 자녀에게 철저한 경제교육을 시키고 있다고 말한다. 강남 부자들은 자녀에게 돈의 가치와 흐름을 읽을 수 있도록 다양한 경험을 시키며 미래를 준비시키고 있다는 내용이 책 속에 담겨 있다.

경제교육은 비단 부자 부모들에게만 해당하는 것이 아니다. 평범한 가정일수록 혹은 경제적으로 여유가 없는 집일수록 자녀들의 경제교육에 힘써야 한다. 그렇다면 가정에서 경제교육을 할 수 있는 방법에는 어떤 것들이 있는지 알아보자.

첫째, 경제교육의 시작은 '만족지연능력'이 높은 아이로 키우는 것에서부터 출발해야 한다. 우리에게는 '마시멜로 이야기'로 유명한 실험이 있다. 스탠퍼드 대학의 월터 미쉘이라는 교수는 만 4세 아이들을 대상으로 한 가지 실험을 했다. 한 개의 마시멜로를 주면서 지금 당장 먹으면 한 개밖에 못 먹지만, 몇 분을 기다리면 두 개를 먹을 수 있다는 제안을 아이들에게 하게 된다. 10년 후 이들을 추적한 결과

재미난 사실을 알게 된다. 당장 먹고 싶은 것을 참고 기다렸다가 두 개를 먹은 아이들은 또래보다 독립적이었고 스스로 자신의 일을 잘 해냈다. 또 학업성적도 높았다. 결국 참고 기다릴 줄 아는 것, 다른 말로 자기조절 능력이 뛰어난 아이들이 다양한 방면에서도 두각을 나타내는 우수한 아이들로 자란 것이다.

아이들에게 사고 싶은 것, 갖고 싶은 것을 모두 즉각 사주기 전에 그것이 왜 필요한지에 대한 생각을 깊이 해 볼 수 있는 기회를 먼저 제공하는 엄마가 되자. 또 원하는 것을 사기 위해 아이가 생산적으로 할 수 있는 일에는 어떤 것들이 있는지, 스스로 방법을 찾을 수 있도록 해주자. 그 과정에서 아이는 자기조절 능력을 키워 가며 '만족지연 능력'이 높은 아이로 성장할 것이다. 경제교육의 기본은 자신이 원하는 것이 생길 때마다 모든 것을 즉각적으로 가질 수 없음을 알고 참고 인내할 줄 아는 능력을 키우는 것에서부터 출발함을 잊지 말자.

둘째, 엄마부터 가계부를 적는 모습을 보여 준 후 아이들에게 용돈 기입장을 적도록 가르친다. 흔히 아이들에게 경제교육을 시킨다고 용돈 기입장을 적도록 지도하지만, 실제로 그것이 잘 실천되는 가정은 별로 없다. 아이들에게 무조건 용돈기입장을 적으라고 하기 전에 엄마가 먼저 가계부를 적고, 그것을 아이들과 함께 공유하는 시간을 갖기를 권한다. 실제로 수입과 지출을 어떤 식으로 기입해야 하는지, 우리 집의 가계 운영이 어떻게 되고 있는지 엄마의 가계부를 보여주며 가르쳐야 한다. 아이들은 그 시간을 통해서 용돈 기입장을 쓰는 방법을 배울 수 있을 뿐만 아니라 '돈'의 소중함을 더욱 절실히 느끼게 될 것이다. 그것을 통해 원하는 것을 사달라고 무조건 떼쓰며 조르는 일도 줄어들게 될 것이다.

셋째, 아이가 직접 통장 개설을 하도록 하는 기회를 갖게 한다. 요즘은 각 은행마다 어린이 고객을 대상으로 하는 이색적인 통장들을 선보이고 있다. 일찍부터 아이의 경제교육의 관심이 많았던 나는 아이가 태어나서 얼마 안 되었을 때부터 아이 이름으로 된 통장을 두 가지 개설했다. 입출금 통장과 적금 통장을 개설해 두고 각각의 통장에 아이 앞으로 들어온 여러 가지 축하금을 목적에 맞게 입금해두었다. 이 통장은 아이가 초등학교 입학하기 전까지만 아이에게 들어오는 돈을 넣을 수 있게 할 예정이다. 초등학생이 되면 직접 아이가 은행에 가서 통장을 개설하는 기회를 갖게 할 것이다. 아이는 스스로 자신의 통장을 개설함으로 인해 은행을 이용하는 방법을 익힐 수 있고 다양한 금융상품을 접해볼 수 있는 기회를 얻게 된다. 자신이 직접 만든 통장에 돈을 모음으로써 '돈'에 대한 책임감과 성취감을 더욱 느낄 수 있다.

넷째, 기부하는 문화에 익숙해지도록 한다. 돈의 흐름을 알고 돈을 모아 부를 축적하는 일은 매우 중요한 일이다. 그것과 더불어 중요한 것이 자신이 가진 부를 나눌 줄 아는 능력이다. 다른 나라에 비해 우리나라는 기부 문화에 인색하다. 건강한 돈의 흐름이 건강한 사회를 만드는 법이다. 일상생활 속에서 작은 것도 나눌 줄 아는 문화에 익숙하게 하자. 그것에 익숙해야 많이 벌어서 많이 기부할 수도 있게 된다. 기부하는 습관을 기르는 것은 경제교육과 인성교육을 함께 할 수 있는 좋은 기회이다. 이를 위해서 매달 기부 단체에 후원금을 아이 이름으로 넣는 방법이나, 아이가 모은 돈의 일부를 기관이나 단체에 기부할 수도 있다. 아이에게 나눔의 미학을 가르치자.

경제교육은 유전이다. 부모가 어떤 경제 습관을 지녔는지, 부모가 어떤 경제교육을 어릴 때부터 시켰는지가 훗날 아이의 경제수준을 결정짓는다. 세 살 경제습관이 여든까지 간다는 것을 잊지 말자. 돈의 소중함을 일깨워 줄 수 있는 다양한 경험을 하게 하고, 그것을 통해 바른 경제관념을 갖게 하자.

당신은 부자 엄마인가? 가난한 엄마인가? 부자 삼 대 못 간다는 말이 있다. 아무리 부자 엄마라고 해도 철저한 경제교육을 하지 않는다면 그 부가 삼대를 못 간다. 아무리 가난한 엄마라고 해도 철저한 경제교육을 시키면 삼 대가 부자로 살아갈 수 있다. 경제교육에서만큼은 조기교육이 절실히 그리고 철저히 필요하다. 지금 당장, 아이의 경제교육을 시작하자!

4장
아이의 공부 습관보다 엄마의 교육철학부터 바로 잡는다

비교라는 덫에 걸린 엄마가 되지 않는다

대한민국에서 유명한 아들, 딸들은 어디에 있을까? '엄친아,' '엄친딸'은 어디에 있느냐는 말이다. 아니 과연 존재하는지 묻고 싶다. 공부 잘하고 성격도 좋고 얼굴도 받쳐주는 다시 말해 모든 것이 완벽한 엄마 친구 아들, 딸들은 실제로 존재하는 걸까? 난 엄친아, 엄친딸은 허구의 인물들이라고 생각한다. 그렇게 생각하는 이유의 첫 번째는 우리가 엄친아, 엄친딸이라고 하는 아이들에 관해 듣는 것은 그 아이에 관한 극히 일부분이라는 것이다. 그 아이들에게도 분명 인간적인 아름다움인 '단점'이라는 것이 하나쯤은 있을 수 있다는 것이다.

두 번째는 엄친아, 엄친딸을 이야기하는 사람은 자신이 강조하고 싶은 부분, 즉 자랑하고 싶은 이야기만 한다는 것이다. 듣는 사람 또한 귀에 혹하게 들리는 이야기만 기억한다.

　　자신의 아이는 24시간 중에 반 이상을 함께하지만 엄친아, 엄친딸과는 이야기도 나눠본 적이 없는 경우가 허다하다. 이런 상황에서 죄 없는 우리의 많은 아들, 딸들이 엄친아, 엄친딸 이야기에 오늘도 상처받는다. 누구도 얻는 것이 없는 엄친아, 엄친딸 이야기를 포기하지 못하는 이유는 무엇일까? 이런 현실이 반복되는 이유는 바로 우리가 가지고 있는 비교하는 문화에서 찾을 수 있다.

　　학교에서 아이들과 나는 아이들의 선생님이었지만 한편으로는 친구가 되고 싶었다. 나의 지나친 욕심일 수도 있지만 아이들이 나에게 고민을 털어놓을 수 있는 친구 같은 선생님이 되고 싶었던 것이다. 그래서 나는 쉬는 시간이나 점심시간을 공략해 아이들이 내게 수다를 떨게끔 이런저런 말을 건넸다. 보통 아이들의 일기장에서 본 이야기들을 수다의 소재로 꺼낼 때가 많았다. 아이들의 일기에 자주 등장하는 단골 소재에도 이 '비교'가 빠지지 않는다. 유난히 공부 잘하는 형제를 둔 아이들의 스트레스는 생각보다 많다. 지영이도 공부 잘하는 언니를 둔 덕에 이런저런 비교당하는 말을 들으며 나름의 상처를 가진 아이였다.

　　"요즘 엄마랑은 좀 어때?"

　　"선생님, 엄마가 요즘도 언니랑 저랑 매일 비교하세요. 뭐 언니는 알아서 공부를 척척 잘하는데 너는 왜……. 뭐, 그런 식이죠. 매일 뭐……."

　　나는 그냥 아이의 말을 계속 들어주면 된다. 여기서 그건 엄마가 다 너를 위해서 그러시는 거야 하는 식의 조언을 했다가는 아이와 나는 건널 수 없는 강을 건너게 되는 꼴이 된다. 묵묵히 들어주다 보면 아이는 이내 마음이 조금 풀린 듯 이렇게 말한다.

"말하고 나니까 우리 엄마가 진짜 나쁜 엄마가 된 것 같네요. 그런데 우리 엄마가 그렇게 나쁜 엄마는 아닌데……."

아이들은 이렇다. 이런 마음속 깊은 곳에 근본적으로 안고 있는 엄마를 향한 순수한 사랑……. 아이들을 사랑하지 않을 수 없는 이유이다.

지영 엄마와 상담할 수 있는 기회가 있었다. 지영 엄마는 새 학년이 되어 아이가 표정이 부쩍 밝아져, 주변에서도 지영이의 변화에 대해 이야기할 정도라고 이야기하셨다. 그 공을 내게 돌리셨다. 지영이가 원래 너무 괜찮은 아이라고 이야기해주었다. 그리고 나는 조심스레 지영이 어머니에게 이야기했다. 지영이가 언니와의 비교 속에서 받는 상처에 관해서.

지영이 엄마는 이야기를 듣다가 이내 고개를 끄덕였다. '다 맞다.'고 했다. 자신의 잘못이라고 하며, 그러지 말아야지 하면서도 이내 비교하고 있는 자신을 발견하고 뒤늦게 후회를 한다고 했다. 그러면서 그간 지영이가 받았을 상처를 생각하니 마음이 아프다고 이야기했다. 한 번의 상담에서 이런 말을 한다는 자체가 이미 지영 엄마도 훌륭한 분이라고 말했다.

사실 지영이도 공부를 아주 잘하는 아이었다. 자신보다 더 공부를 잘하는 언니를 둔 것뿐이었다. 본래 가지고 있는 실력을 제대로 발휘하지 못해 늘 내게 아쉬움을 사는 아이였던 지영이는 시간이 갈수록 더 유연해졌다. 그러다 보니 학습 결과도 더 좋아졌다. 그리고 일기장의 그 단골 메뉴였던 언니와의 비교에 관한 글이 눈에 띄게 줄었다.

비교는 아이들에게 많은 좋지 않은 영향을 미친다.

그중에서도 첫째, 비교는 아이에게 자신감을 잃게 한다. 비교를 할 때마다 아이는 "너는 무능력한 아이야."라는 말을 듣는 것과 마찬가지의 심리적 압박감을 받는다. 스스로 자신은 가치가 없는 존재라고 여기게 된다.

둘째, 비교는 아이들의 학습 의욕을 꺾는다. 노력하고 있는데, 혹은 열심히 하려고 하는데 괜한 비교의 말을 들으면 사기충천했던 그 마음도 이내 식어버리고 만다. 엄마는 자극을 받으라고 한 이야기에 아이들은 마음의 상처만 가득 받는다.

그래서 비교는 결국 아이를 불행하게 만든다. 배상문의 '비유의 발견'에 나오는 다음의 글을 읽어보기를 바란다.

'여고괴담'과 같은 학원물에서 2등은 항상 1등을 시기하는 인물로 그려진다. 아무리 노력해도 1등을 따라잡을 수 없다. 2등은 점점 피폐해지다가 1등한테 해코지를 하거나 옥상에서 뛰어내려 생을 마감

한다.

　유독 우리나라에 이런 소재의 영상물이 많다는 것이 무엇을 의미
하는지 우리는 잘 알고 있다. 한국은 상대 평가가 극심한 나라다. 내
가 무언가를 잘하는 것은 중요치 않다. 남보다 잘하는 게 중요하다.
혹은 이렇게 말할 수 있다. 못 해도 괜찮다. 남보다 못하지만 않으면
된다. 내 삶을 평가하는 기준이 철저히 나의 외부에 있다. 비교를 거
쳐야만 내 삶의 행복을 느낄 수 있다는 사실은 얼마나 서글픈가. 상
대 평가는 '비인간화 게임'이거늘.'

　2등 정도면 행복할 법도 한데 2등도 행복하지 않다. 가끔 은메달
을 따고도 서럽게 우는 한국 선수들과 동메달을 따고도 환하게 웃으
며 좋아하는 서양 선수들을 볼 때 이러한 우리의 비교 문화를 극명하
게 느낀다. 물론 자신이 노력한 것에 비해 그 결과가 다소 아쉬워 흘
리는 눈물일 수도 있고, 이제까지의 고된 연습 과정을 이겨낸 자신만
의 벅찬 감동의 눈물일 수도 있다. 한 남자 체조 선수가 은메달을 딴
후 한 인터뷰에서 한 말을 잊을 수가 없다. 그는 얼굴도 들지 못하고
울먹이며 이렇게 말했다.

　"응원해주신 국민 여러분들께 정말 죄송합니다. 실망을 안겨드려
서 정말 할 말이 없습니다."

　그의 인터뷰에 정말 안타깝다 못해 마음이 아팠다. 은메달은 금메
달에 비해 가치가 낮다고 비교해오던 우리의 관습이 그를 울게 만든

것은 아닐까 싶다.

비교는 상대평가이다. 그리고 비인간적이다. 무엇보다 행복을 내 안에서 찾는 것이 아니라 내 밖에 있는 남들과 비교해서 찾게 한다. 그렇다면 우리는 그것을 행복이라고 말할 수는 있을까? 그래서 비교는 진정한 행복을 가로막는 최고의 장애물이다. 만나본 적 없는 친구 아들, 딸 이야기를 할 때 어떤 엄마도 그들의 행복에 대해서는 궁금해하지 않는다. 그래서 그렇게 다 완벽한 아이들이 정말 행복한지는 아무도 모른다는 것이다.

우리 아이들의 진정한 행복을 위한 길을 조금은 헤매는 엄마들은 있을지 모르지만, 우리 아이들이 불행한 삶을 살았으면 하는 엄마들은 없을 것이다. 그렇다면 이제부터 비교하는 엄마는 되지 말자. 비교는 해서 좋을 게 한 가지도 없는 비인간적인 평가임을 잊지 말자.

우리 아이들이 불행하기를 바라는가? 그렇다면 마음껏 비교하자. 그것이 아니라면, 절대 비교하는 엄마가 되지 말자. 비교를 하는 순간, 아이뿐 아니라 엄마도 행복하지 않다는 것을 우리는 이미 여러 차례 경험했다. 비교하는 말이 나오려고 하는 순간, 이런 말을 떠올려 보자.

"내 친구 엄마는 잔소리도 안 하고, 음식도 잘하고, 얼굴도 예쁘고, 돈도 잘 버신대요. 근데 엄마는 왜 그래요?"

혹은 "아빠는 회사 일도 잘하시고 집안일도 잘하시는데 엄마는 왜 그래요?"

　이제까지 자녀에게 수없이 비교하는 말을 했음에도 당신의 자녀가 아직 이렇게 이야기하는 하는 것을 들어본 적이 없는 엄마라면, 더욱 비교하는 엄마가 되지 말자. 이미 비교할 필요도 없는 훌륭한 아이를 키우고 있다는 증거이다. 비교라는 덫에 빠지면, 엄마도 아이도 불행이라는 덫에서 함께 빠져나올 수 없다는 것을 꼭 기억해 주기를 바란다.

흔들리지 않는 엄마가 큰 그릇의 아이를 만든다

'당신의 의식이 골프공만 하다면, 당신은 책을 읽더라도 골프공 크기 정도만 이해하게 된다. 창밖을 내다보아도 골프장 크기 정도만 보게 된다. 그리고 아침에 깨어나도 골프공 크기 정도로만 깨어나게 된다. 또 하루 일과를 마쳐도 골프공 크기의 내면적 행복감을 느끼게 된다.'

데이비드 린치 '데이비드 린치의 빨간 방'에 나온 글이다. 이 글의 '의식'이라는 단어를 사람의 '그릇 크기'로 바꿔 읽어도 그 의미가 크게 달라지지 않는다고 생각한다. 사람은 저마다 다양한 그릇의 크기를 가지고 있다. 같은 행동을 하더라도 그 크기에 따라 담아 낼 수 있는 양이 다르다. 각기 다른 역량을 펼치는 것은 바로 그 사람이 가지고 있는 그릇 크기의 차이 때문이다.

학교에서 다양한 아이들을 만나 가르치게 되면서 나 또한 아이들의 그릇 크기를 감지하게 되는 능력을 서서히 갖추게 되었다. 어린아이들이지만 가지고 있는 내공이 만만치 않은 큰 그릇의 아이들, 그들 뒤에는 흔들리지 않는 엄마들이 있었다.

흔들리지 않는 엄마 하면 주현 엄마가 떠오른다. 주현 엄마는 나와의 첫 상담에서 이런 말을 남겼다.

"선생님, 저 주현이가 성적이 어느 정도 수준인지, 반에서 몇 등 하고 이런 건 별로 궁금하지 않아요. 어차피 공부는 자기 그릇 크기만큼 해내는 거니까요. 주현이 친구들하고 어떻게 지내요? 전 그게 제일 궁금하더라고요."

이렇게 말하는 엄마를 둔 주현이는 친구들하고 어떻게 지낼지 내가 대답하지 않아도 뻔히 알 수 있을 것이다. 학업 스트레스가 많지 않은 주현이는 아이들과 아주 잘 지낸다. 사이좋게 말이다. 이렇듯 주현이 엄마처럼 그 흔들리지 않는 엄마들은 하나같이 알고 있다. 아이는 자신의 그릇 크기만큼 해낸다는 것을. 그래서 그 엄마들은 교육의 목적은 아이의 '그릇 크기'를 크게 만들어 주는 것에 있다고 말한다. 그러한 교육관을 바탕으로 아이를 기르는 엄마는 이런저런 주변의 말에 흔들리지 않는 뚝심을 가지고 있었다.

이런 흔들리지 않는 엄마가 되어 아이를 큰 그릇의 사람으로 길러내고 싶다면 다음의 몇 가지 사항들을 고려해보자.

첫째, 완벽한 엄마가 되려고 애쓰지 말자. 흔들리는 엄마들은 대부분 완벽한 엄마의 모습을 스스로 그려놓기 때문에 마음이 힘들어진다. 어떤 것이 좋다고 하면 그것을 꼭 시켜줘야 할 것 같고, 그러지 못하면 불안해하기 시작한다. 그러면서 흔들리기 시작한다. 우리 아이가 지금 당장 그것을 하지 못하면 덜 똑똑해질 것 같고, 발달이 덜 될 것 같은 불안감은 엄마의 마음을 심하게 흔든다. 어쩌면 무분별한 사교육은 이러한 엄마들의 불안이 바탕이 되어 시작되는 것일 수도 있다.

엄마이기에 실수도 하고 시행착오도 겪어가며 아이를 키울 수 있다. 그래서 잠시 흔들릴 수도 있다. 하지만 계속 흔들리지는 않아야 한다.

"엄마도 사람인데 실수할 수 있지." 하고 당당히 그 불안과 마주하여 직면하고 그것을 받아들이면 쉬워진다. 그러기 위해서는 애초에 완벽한 엄마가 되려고 마음먹지 말자. 이 세상에는 완벽한 엄마는 있을 수 없다. 단지 실패를 통해 조금씩 배워갈 뿐이다. 그러면서 엄마도 아이를 기르는 데 있어 필요한 능력을 담는 그릇의 크기를 그렇게 조금씩 키워가는 것이다. 엄마도 아이와 함께 성장해 나가는 존재라고 생각하고 마음을 비우자. 그러면 덜 힘들고, 덜 흔들릴 것이다.

둘째, 아이에 대해 걱정하지 말자. 내가 좋아하는 책 중에 하나가 소아과 전문의 서천석 선생님의 '우리 아이 괜찮아요'이다. 그 책에는 엄마들이 자신의 아이들에 대해 하는 갖은 걱정들이 담겨 있다. 언뜻 보기에는 정말 걱정이 되겠다 싶은 내용들이지만, 그 속을 찬찬히 살펴보면 서천석 선생님도 조언하듯이 '그 정도는 괜찮습니다.' 정도의 이야기들이다.

이제 막 기기 시작한 내 아이를 보면서 나 또한 별것 아닌 것을 가지고 걱정했던 때가 생각난다. 지금 생각해보면 별걸 다 걱정했구나 싶은 게 웃음이 절로 나온다. 아기가 태어나서 얼마 안 되어서부터 얼굴과 몸에 뭔가가 붉게 올라왔다. 이것저것 검색해 보니 태열로 이야기하는 사람이 있고, 신생아 여드름이라고 하는 사람도 있었다. 나중에는 아토피에 관련된 글까지 보게 되니 내 마음은 매우 혼란스럽고, 심란해졌다. 한마디로 이를 어째야 하나 동요가 일기 시작한 것이다.

결국 부모님의 지인이 소개해준 아토피에 유명하다는 한의원 이름까지 알아 두는 극성을 떨었다. 그 사이 예방접종을 하러 가서 소아과 선생님께 아이의 피부를 보여드렸다. 별것 아니라고 하며 보습에 신경써주기만 하면 된다고 했다. 아기는 6개월까지 피부의 상태가 좋았다가 나빴다가 반복할 수 있다고 덧붙여 애기해주었다. 내가 아이의 이런 세세한 부분까지 신경 쓰는 나를 보고 친정엄마는 "옛말에 흙 밟으면 다 낫는다고 했어. 걱정하지 말라니까. 네가 첫애니까 그런 거지 둘째 낳아봐라. 그런 건 안중에도 없지." 하고 말씀하셨다.

친정 엄마 말이 다 맞았다. 우리 아이는 아직 흙 밟는 수준은 아니지만, 정말 만 8개월이 지나 걸음마 연습을 하기 시작하니 얼굴과 온몸에 붉게 일어나던 것이 싹 사라졌다. 그리고 첫애니까 정말 이런저런 관심이 더 가는 것도 맞는 것 같다. 그 일로 더 이상 작은 일에 걱정하지 않기로 했다. 그편이 훨씬 남는 장사다. 걱정을 한다고 해서 일어난 일이 없어지지 않는다. 그리고 걱정한 일의 대부분은 실제로 일어나지 않는 경우가 더 많다. 걱정하지 말기로 하자. 아니 걱정하지 말아야 한다. 걱정할 시간에 우리 아이들에게 사랑한다고, 고맙다고 말 한마디 더 건넬 줄 아는 여유 있는 엄마가 되자.

셋째, 엄마만의 확고한 교육 철학을 정립하자. 여기서 말하는 교육 철학은 거창한 것이 아니다. 자신의 아이를 어떤 아이로 길러내고 싶은지에 대한 관점을 분명히 하는 것이다. 엄마가 그 관점을 분명히 하지 않으면 내가 아닌 다른 엄마의 관점에 휘둘릴 수 있는 여지가 생기는 것이며, 그것은 이것도 저것도 아닌 결과를 만들어 낼 수 있다.

내가 만난 강남 엄마들 중에 확고한 교육철학으로 아이들을 잘 키우는 엄마들에게는 공통적으로 보이는 모습이 있었다. 그것은 어떻게 하면 아이를 더 즐겁게 해줄까를 고민하는 엄마들의 모습이었다. 우리가 아는 강남 엄마는 어떻게 하면 아이를 더 공부시킬까 하는 것을 두고 고민할 것 같은 엄마들이었지만, 실제로 괜찮은(?) 엄마는 아이를 좀 더 재미있게 놀릴지를 궁리했다. 그러면서 아이가 진정으로 행복한 사람으로 커 가는데 있어 정말 중요한 것이 무엇인지를 늘 고민했다.

다시 말해 그런 엄마들의 교육철학의 중심에는 아이의 '행복'이 있었다는 것이다. 단순히 엄마의 바람을 바탕으로 한 교육철학이 아닌 아이를 중심으로 한 교육관이었다. 그런 엄마들 밑에서 자라나는 아이들은 건강했다. 그런 건강한 아이들을 보는 엄마들은 흔들릴 이유도 필요도 없었다.

한번 제대로 뿌리를 잘 내린 엄마들의 교육철학은 견고하게 자리 잡고 흔들리지 않는다. 흔들리지 않는 엄마 밑에서 자라나는 아이들은 충격에도 쉽게 깨지지 않는 그릇을 자신의 내면 안에 담고 있다. 그리고 시간이 흐를수록 그 그릇의 크기를 키워나가게 된다.

우리 아이들의 그릇의 크기가 골프공만 하게 작기를 바라는 엄마들은 아무도 없을 것이다.

엄마들이 꿈꾸는 큰 그릇의 아이로 키우기 위해서는 우리 엄마부터 흔들리지 않는 묵직하고 큰 그릇의 엄마가 되어야 한다. 완벽한 엄마가 되고 싶어서 주변의 세세한 참견과 간섭에 모두 귀를 기울이는 엄마가 되지 말자.

애초에 완벽한 엄마가 되려고 하지 말자. 그러면 걱정도 줄어들 것이다. 걱정 대신 아이를 어떻게 키울지를 고민하는 철학 있는 엄마가 되기를 바란다. 흔들리지 않고 피는 꽃이 어디 있으랴 하지만, 오늘

만큼은 흔들리지 않는 엄마가 되어보자.

흔들리지 않는 엄마! 아름답다.

내 아이를 제대로 볼 줄 아는 '눈'을 가진다

10년이라는 강산이 변하는 시간을 아이들과 또 그들의 엄마들을 만나오면서 종종 안타까움을 느낄 때가 있었다. 엄마가 아이를 제대로 보지 못하고 엄마만의 환상(?)으로 아이를 볼 때가 그러한 경우이다. 상담을 해보면 종종 그런 경험을 하게 된다.

학기 초 상담주간에 있었던 일이다. 강남 엄마들은 학부모 상담 주간에 상담을 빠지지 않고 하는 편이다. 그날도 퇴근 시간이 훨씬 지나서까지 상담이 이어지고 있었다.

"우리 남편과 제가 다 문과 출신인데 서운이도 제가 볼 때 문과 쪽에 소질이 있는 것 같아요. 우리 부부는 서운이를 외고에 보낼 생각을 하고 있어요."

자신을 많이 기다리게 했다고 불쾌감을 표시하며 좀 전까지 얼굴을 붉히던 서운 엄마가 내 앞에 앉은 후 얼마 지나지 않아 한 말이다. 서운이는 과연 문과 쪽에 소질이 있는 것일까? 서운이는 반에서 그 문과 쪽 과목인 국어와 영어에서 하위권의 성적을 받는 아이었다. 성적이 낮아서 외고를 보내겠다는 그 엄마가 우려되었던 것은 아니다. 그보다는 서운이가 가진 기본학습태도와 습관 때문이었다. 서운이는 집중력이 매우 약했고, 오히려 산만한 아이에 가까웠다. 늘 손에는 뭔가를 쥐고 있었고 수업시간에도 딴 짓을 하기 일쑤였다.

쉬는 시간에는 친구들과 놀다가 수업이 시작될 때나 수업 중에 화장실에 다녀와도 되느냐고 자주 묻는 서운이에게 그 습관을 고쳐보자고 이야기했지만, 학년이 끝날 때까지 크게 나아지지 않았다. 그 외에 서운이는 자신의 의견이나 생각을 표현하는 데도 많이 서툴렀다. 또래에 비해 행동이나 생각이 많이 어렸던 서운이를 보면서 아이는 과연 외국어고등학교 진학에 대해 조금이라도 관심이 있는 걸까 하고 생각해보게 되었다. 그래서 한번은 아이에게 그것에 관해 잠시 언급해 보았다. 하지만 서운이는 전혀 들어본 적도, 생각해 본 적도 없다는 표정을 지어보였다.

물론 초등학생이 얼마나 그런 것에 관심이 애초부터 있겠나 싶겠지만, 적어도 대한민국에서만큼은 외국어고등학교 진학은 만만치 않다. 실제로 외고에 진학하는 아이들은 어릴 때부터도 다양한 부분에서 두각을 나타낸다. 무엇보다 뚜렷한 목표의식을 가진 아이들이 오랫동안 준비해도 입학하기 쉽지 않은 곳이 특목고이다.

아이들을 가르치다 보면 아이가 지나치게 똑똑하고 창의적인 성향이 강해서 다소 엉뚱한 면이 있는 것인지 아닌지는 금방 파악할 수 있다. 다시 말해 아이가 학업 성적은 낮아도 뭔가 다르다고 느껴지는 아이들이 있다는 것이다. 에디슨도 학교 성적이 좋지 않았던 학생이었던 것처럼 말이다. 하지만 서운이는 그런 쪽과는 거리가 있었다. 서운이는 기본적으로 갖춰야 할 생활습관에 대한 지속적이고 세심한 지도가 필요한 아이었다. 하지만 서운 엄마는 상담 내내 서운이를 지나치게 과대평가하며 말을 계속 이어갔다.

물론 아이의 가능성을 크게 보고 아이에게 기대를 걸어주는 일은 아주 중요하다. 하지만 자신의 아이에 대한 객관적인 이해를 바탕으로 하는 기대와 무작정 엄마가 원하는 바에 대해 기대를 거는 것과는 다르다고 이야기하고 싶다. 아이를 제대로 볼 줄 아는 눈이 있어야 그 아이에게 정말 필요한 것들을 준비시켜 줄 수 있기 때문이다.

서운이가 지금 성적이 낮다고 해서 외국어고등학교를 가지 못하리라는 법은 없다. 하지만 내가 안타까웠던 것은 엄마가 아닌 아이가 자신의 진로에 대해 생각해볼 수 있는 대화를 평소 나눠본 경험도 전혀 없었다는 것과 아이의 진로를 일찍이 특목고 진학이라는 것에 한정짓는다는 것이었다. 아이의 실력에 대한 가능성을 열어두는 것처럼 아이의 진로에 대해서도 열린 시각을 가져야 한다. 서운 엄마에게 아이가 기본학습태도를 우선 잘 갖추게 해서 공부를 할 수 있는 저변을 잘 닦아 놓는 것이 먼저임을 이야기하면서 그러 면에서 서운이가 조금씩 나아지고 있다고 칭찬했다. 사실이었다. 하지만 서운 엄마는 그럴수록 서운이에 대한 아낌없는 칭찬을 더 늘어놓았다. 서운이는 나에게도 소중한 제자 중에 한 명이었고 그 아이의 미래에 대한 기대를 나 역시 한껏 걸어주고 있다. 하지만 아이를 제대로 보는 눈이 없이 무한한 이상만을 좇는 엄마가 다소 걱정이 되었다. 그런 엄마의 이상에 아이가 자칫 눌릴 수도 있다고 생각이 들었기 때문이다. 그것은 나중에 자칫 아이와의 소통의 문제를 야기할 수도 있다.

내 아이를 제대로 볼 줄 아는 '눈'을 가지라고 말하는 것은 아이에 대해 인색한 평가를 내리라는 말이 절대 아니다. 아이는 아이 자체만으로 빛나는 존재가치가 있으며 아이의 미래에 많은 기대를 걸어주기에 충분하다. 하지만 그 기대는 아이가 진정 좋아하고 잘할 수 있는 것에 걸어줘야 한다. 적어도 아이가 관심을 갖고 있는 분야에 그 기대라는 것을 걸어줘야 하는 것이다. 아이를 바라보는 눈이 엄마만의 기대와 이상이 담긴 시선이라면 위험할 수 있다. 꼭 학업과 관련된 것에만 국한된 것이 아니다. 가끔 아이들의 성격이나 인성에 관해서도 아이를 보는 눈이 그릇된 경우가 있다. 학교에서 교우관계가 원만치 않거나 기본적으로 갖춰야 할 예절이 많이 부족한 아이들일 경우는 특히 가정과의 협조가 매우 중요하다. 그럼에도 불구하고 이를 부정하려고 드는 엄마들을 어렵지 않게 볼 수 있다.

"우리 아이가 그럴 일이 없는데요?" 혹은 "집에서는 그런 모습이 전혀 없는데요." 하고 이야기하는 엄마들에게는 교사가 아이에게 도움을 주고 싶어 하는 조언들은 그 의미가 변질된다. 그래서 가끔은 우리 아이만 미워한다는 억울한 오해를 사기도 한다. 하지만 아이의 인성과 관련된 조언들은 정말 귀담아 들을 필요가 있다. 아이가 앞으로 살면서 어떤 삶을 사느냐는 것은 사실 성적보다는 아이의 성격이나 인성에 더 많은 영향을 받기 때문이다.

매사 지나치게 부정적인 언행으로 또래 친구들과 내 마음을 힘들게 하던 아이가 있었다. 그런데 그 엄마와 상담을 하는데 과거에는 그랬지만 이제는 집에서 더 이상 그런 모습이 보이지 않는다고 했다. 하지만 학교에서 보이는 아이의 행동은 그러지 않았다. 원인을 찾아 아이를 도와주고 싶은 마음이 간절했지만 아이를 보는 시선과 마음을 열지 않는 엄마를 두고 할 수 있는 일은 많지 않았다.

보통 상담을 할 때는 아이의 강점을 우선 최대한 강조하는 편이다. 내가 우리 아이의 상담을 가서 담임교사와 마주하고 있는데 아이의 단점만 처음부터 끝까지 듣는 것만큼 속상할 일도 없을 것 같다는 생각이었다. 또 학부모 입장이 돼서 어떤 것이 정말 도움이 될까 생각해 봤을 때 마냥 칭찬 일색인 것도 크게 도움이 될 것 같지는 않다. 사실 아이를 가장 잘 아는 것 또한 엄마이다. 내 아이의 단점은 누구보다도 엄마가 잘 안다. 그런 엄마들이 아이에 관해 실질적인 조언을, 상담을 통해 들을 수 있는 것이 장기적으로 보았을 때는 더욱 의미가 있다고 생각한다.

당장은 받아들이기 힘든 버거운 이야기나 조언에 마음이 상할 수도 있다. 하지만 매도 빨리 맞는 편이 낫다고 아이의 객관적인 상황을 빨리 알고 그것을 개선하기 위해 되도록 이른 시기에 엄마가 그 불편한 진실을 마주하는 용기를 냈으면 한다. 나 또한 엄마로서 그 용기가 쉽게 나지 않을 것 같다. 하지만 우리 용기를 내어보자.

우리 아이들을 제대로 볼 줄 아는 '눈'을 길러야, 아이에게 더 열린 미래를 가져다 줄 수 있다. 우리 아이는 어떤 아이인가? 그것을 대답하는데 있어 아이가 아닌 엄마만의 바람이 담긴 잣대로 우리 아이를 보고 있는 것은 아닌지 생각해보자. 내 아이를 누구보다도 잘 아는 사람은 엄마이다. 그러니 애써 부정하지도 외면하지도 않았으면 한다. 있는 그대로의 아이를 제대로 볼 줄 아는 눈을 가진 엄마가 자신의 인생을 제대로 사는 아이를 키울 수 있다.

인성이 좋은 아이가 결국 성공한다

얼마 전 인터넷을 뜨겁게 달군 사건이 있었다. 일명 '천재 소녀' 사건이다. 사건의 전말은 이렇다. 하버드 대와 스탠퍼드 대에 동시에 합격한 것으로 알려져 화제의 중심에 선 한 소녀 김 양이 있었다. 하지만 실제로는 합격증을 위조한 것으로 드러났다. 김 양은 방송 인터뷰에서도 자신의 합격 소식을 전하며 이례적인 일이라고 스스로 이야기했던 터라 이 사실에 많은 사람들이 충격을 받았다. 당초 유명 기업의 임원이었던 김 양의 아버지는 "거짓말을 할 이유가 없다."는 입장을 밝히고 미국으로 직접 건너간 이후 사실을 확인하는 시간을 가졌다. 결국 모든 것을 알게 되자 사과의 뜻을 전했다.

미국 유력 일간지 워싱턴포스트는 이러한 논란을 일으킨 '천재 소녀' 사건을 두고 '성공에 대한 압박이 낳은 비극'이라고 보도했다. 신문은 김 양이 다닌 TJ 과학고의 재학생과 교사의 말을 인용해 '학생들이 학업 성적 이 외에 외부 활동에서도 인상적인 성취를 이뤄내야 한다는 압박을 받는다.'며 '이런 압박은 부모와 교사들로부터 생기는 것'이라고 전했다.

한 매체에서는 비상식적으로 보이는 이 소녀의 행동을 두고 리플리 증후군이라고 말하기도 했다. 리플리 증후군(Ripley Syndrome)은 자신의 현실을 부정하면서 마음속으로 자신이 꿈꾸는 허구의 세계를 진실이라 믿고 거짓된 말과 행동을 반복하게 되는 인격 장애를 뜻하는 용어이다.

나는 김 양을 보면서 그녀의 행동을 비판하고 싶기보다 얼마나 힘들었으면 그렇게 자신이 꿈꾸는 삶을 진짜로 여기고 그런 거짓말을 아무렇지도 않게 할 수 있었을까 하는 생각이 먼저 들었다. 김 양은 마음이 아픈 학생이었다. 지나친 학업스트레스를 자신이 가진 인성으로 잘 정화시키지 못한 아픈 학생이었던 것이다.

'정직'이라는 인성의 대표적인 요소가 있지만, '정직'은 김 양이 받던 학업스트레스에게 지고 말았다. 좋은 인성은 학위 한 장보다 훨씬 가치 있고 성공을 위한 필수 조건이라 할 수 있지만 아무도 그녀에게 그것을 이야기해주지 않았다. 그랬기에 김 양은 그 반대의 선택을 하게 됨으로써 많은 이들의 비판을 사고 자신이 더 정신적으로 아파지는 결과를 맞이하게 되었다.

그런 김 양을 두고 마냥 비판만 하는 사람이 되지 않았으면 좋겠다. 우리는 얼마나 훌륭한 인성을 가지고 있는가? 당당하게 그 어린 소녀를 나무랄 자격이 있는 어른들은 몇이나 될까? 이렇게 명문대를 입학하는 것을 성공으로 여기며 그것을 이루기 위해 압박받는 아이들에게 그것이 전부가 아니라고 이야기해 줄 수 어른들은 얼마나 있는지, 또 우리가 살고 있는 세상은 아름다운 곳이라고 자신 있게 말할 수 있는지 묻고 싶다.

이 세상은 아이들이 살기 참 퍽퍽한 곳이지만, 나는 인성이 좋은 아이가 결국 성공한다고 분명하게 말하고 싶다. 이제는 인성 인재가 이 세상을 움직이게 된다. 그러니 입시에서 문제 하나 더 맞추게 하려고 애쓰지 말고 아이의 인성을 키우는 데 더 많은 공을 들이라고 말하고 싶다. 세상을 움직이는 리더는 바로 좋은 인성을 가진 사람이라는 것을 많은 아이들이 그리고 많은 엄마들이 알았으면 한다. 우리는 인성 인재가 세상을 리드하는 시대를 살고 있다.

왜 인성이 좋은 아이가 성공할 수밖에 없는지에 대한 이야기를 해보자. 우리가 현재 살고 있는 시대 혹은 미래는 혼자가 아닌 팀으로 무언가를 창조해내는 작업들이 많다. 우리가 흔히 성공자로 꼽는 빌 게이츠도 모두 혼자의 힘으로 그러한 창의적인 작품들을 만들어내지 않았다. 그의 뒤에는 서로 아이디어를 공유하고 그것을 현실화시키는 다양한 기술을 가진 사람들이 모여 일한 훌륭한 팀이 있었다. 이렇게 팀으로 무언가를 만들어내는 작업을 할 때 가장 필요한 것이 무엇이겠는가? 바로 팀원들끼리 협력하는 능력일 것이다.

협력하는 능력이란 무엇일까? 바로 혼자만 잘났다고 나서는 것이 아니라 팀원들을 존중하고 배려할 줄 아는 능력, 그것이다. 배려와 존중은 좋은 인성의 대표적인 예이다.

각종 기업에서도 '스킨십 경영'이라는 말을 자주 쓰고 있는데 이것 또한 인성 리더와 크게 관련이 있다. 스킨십 경영이란 최고 경영자와 일반 직원들이 긴밀한 관계를 지니며 일체감을 가지는 경영방식을 말한다. 최고 경영자이지만 일반 직원들과 허물없는 대화를 통해 그들의 입장에서 생각하려고 노력하는 것, 그것이 스킨십 경영이다. 이러한 스킨십 경영이 가능하려면 그 최고 경영자에게는 소통을 위한 대화를 잘할 수 있는 능력이 필요하다. 그 대화의 능력은 바로 앞서 말한 배려와 존중, 공감 등 다양한 인성의 요소에서 비롯된다.

그렇다면 우리 아이가 인성이 좋은 아이로 크기 위해서는 어떻게 해야 할까?

첫째, 가족 모두가 살갖이 맞닿는 스킨십으로 사랑을 자주 표현하자.

스킨십이 신체 및 정서 발달에 지대한 영향을 미친다는 것을 많은 실험을 통해 증명됐다. 스킨십은 아이들에게 자신감과 신뢰감, 사회성을 길러줄 수 있는 마법의 약이라고 할 수 있다. 이런 스킨십에 익

숙한 아이들은 정서적으로 아주 안정되고 긍정적인 마인드를 갖게
된다. 그렇게 자란 아이들의 인성은 좋을 수밖에 없을 것이다.

　어릴 때부터 스킨십을 자주 해주자. 아침에 일어날 때 사랑한다고
안아주고, 잠에서 깨기 힘들어하는 아이들을 가볍게 마사지를 해주
자. 비단 어린아이들에게만 해당하는 것이 아니다. 청소년기에 있는
아이들에게도 꾸준히 엄마가 스킨십을 해주는 것은 인성교육 차원에
서 매우 효과적이다. 다 큰 아이들에게도 학교에서 돌아오면 수고가
많았다고 안아주자. 가족들 간의 열린 스킨십으로 사랑을 나누고, 표
현하기를 바란다. 그러한 것이 익숙한 가정에서 자란 아이의 심성은
따뜻하고 고울 수밖에 없다.

　둘째, 아이의 입장에서 생각하는 공감 대화를 나누자. 아이의 말
에 공감을 해주며 이야기를 잘 들어주는 엄마가 되어야 한다. 요즘
감정코칭이라는 것이 엄마들 사이에 공감 대화법으로 유명하다. 존
가트맨의 '내 아이를 위한 사랑의 기술'을 보면 감정코칭은 다음의 5
단계를 거치게 된다고 소개되어 있다.

　1단계 : 아이의 감정을 인식하기 → 2단계: 감정적 순간을 친밀감 조
성과 교육의 기회로 삼기 → 3단계: 아이의 감정이 타당함을 공감하
며 경청하기 → 4단계: 아이가 자기감정을 표현하도록 돕기 → 5단계:
아이가 스스로 문제를 해결하도록 이끌면서 행동에 한계를 정해주기

이 감정코칭에서 가장 핵심은 아이의 감정을 정확히 제대로 읽어주는 일이다. 아이의 감정을 제대로 읽어주기 위해서는 평소 아이와 그 감정에 대한 이야기를 자주 나눠야 한다. 더불어 감정은 꼭 밝고 좋은 것만 있는 것이 아니라는 것을 아이들에게 인지시켜주는 것이 필요하다. 예를 들면 화나 우울 같은 감정도 소중하게 다뤄져야 할 감정이며, 그것을 느낀다고 해서 무조건 나쁘다고 이야기하면 안 된다. 정말 나쁜 것은 그러한 감정을 억누르거나 스스로 그 감정을 모른 체 피하는 것이다. 이렇듯 자신의 감정을 솔직하게 받아들일 수 있도록 아이들과 자주 감정에 관련된 단어를 사용하여 대화하자.

또 여기서 주의할 점은 아이의 감정을 공감해 준다고 무턱대고 말 끝마다 '~구나.'를 붙이게 되면 어느 순간 아이가 "엄마, 구나! 구나! 좀 그만해. 지겨워."라고 말하는 소리를 듣게 된다. 그렇다면 어떻게 좀 더 쉽게 아이의 마음을 공감해 줄 수 있을까?

이임숙의 '엄마의 말공부'에서는 아이들의 공감을 사는 말로 다음의 '엄마의 전문용어 5가지'를 든다.

① 힘들었겠다. ②이유가 있을 거야. 그래서 그랬구나. ③ 좋은 뜻이 있었구나. ④ 훌륭하구나. ⑤ 어떻게 하면 좋을까?

중요한 것은 어떤 말을 하더라도 우선 아이의 입장에서 생각해보는 것이 먼저이다. 그러고 나서 내가 아이라면 어떤 마음일지 그것을 솔직히 그대로 표현해보자. 엄마라는 가면을 벗고, 그냥 우리 아이의 입장이 되어 어떤 기분이었을지 생각해보는 것이다. 그것만으로도 충분히 아이는 엄마가 내 마음을 읽어주려고 노력하고 있다고 생각하게 된다. 이것은 아이에게 그 어떤 훈계의 말보다도 많은 것을 전할 수 있다.

앞으로는 인성이 더욱더 강조되는 시대에 살게 될 것이라 확신한다. 아이가 진정으로 성공한 삶을 살기를 바란다면, 공부하라는 소리 대신 한 번 더 안아주고 사랑한다고 속삭여주자.

아이들에게 닭살스런 애정 표현을 자주 하는 엄마가 되기를 바란다. 그리고 어렵지만, 아이의 입장에서 느끼고 생각하는 엄마가 되어 인성 인재, 인성 리더로 아이를 키우자. 이제는 냉철한 두뇌 리더가 아닌 따뜻한 인성 리더가 세상을 움직이는 시대이다.

당신의 아이는 안녕한가? 아이의 인성이 안녕하냐는 질문이다. 국어, 수학 성적만 매기는 것에 치중하여 우리 아이들의 인성은 등한시되고 있었던 것은 아닌지, 뒤돌아 생각해보자. 천재 소녀 김 양처럼 우리 아이들의 마음속에서 인성과 학업 스트레스가 서로 싸우고 있는 중은 아닐지 잘 돌보았으면 한다. 어떤 상황에서도 인성이 이기는 아이가 되어야 한다. 남을 배려하고 존중할 줄 아는 아이로 키우자. 그런 아이는 인성이 훌륭한 사람으로 자라서 남들에게 존경받는 리더가 될 것이다. 인성이 좋은 아이가 반드시 성공하게 되는 법이다.

바른 공부 습관은 동기부여에서 시작된다

"**영**어 유치원 꼭 보내야 하나요?"

주변에서 흔히 물어오는 질문 중에 하나가 바로 이 영어 유치원에 관한 것이다. 적지 않은 강남 아이들이 취학 전 영어 유치원을 다니고 초등학교에 입학하는 것을 가까이서 보는 교사이다 보니 여기저기서 내게 그런 질문을 자주 해온다. 아이를 영어 유치원에 보내야 할까 말까를 두고 오늘도 고민 중인 엄마가 이 글을 읽는 엄마 중에도 있을 것이다.

그런 질문을 해오는 엄마들에게 나는 개인적 견해로 대답할 수는 있지만, 그것이 정답일 수는 없다고 이야기한다. 그래도 대답이 정 듣고 싶다면, 나만의 사적인 대답은 이러하다고 말한다.

“저라면 영어 유치원 보낼 돈을 모아서 아이가 조금 컸을 때 영어권 나라로 여행을 보내도록 하겠습니다.”

그렇게 대답하는 이유는 영어권 나라에 가서 영어의 필요성을 느끼고 돌아오는 것, 즉 영어공부에 대한 동기부여를 받도록 하는 것이 영어를 잘하게 되는 첫걸음이라고 생각하기 때문이다. 사실 이 동기부여라는 것은 비단 영어에만 국한된 이야기가 아니다. 모든 배움에는 배우고자 하는 동기가 바탕이 되어야 한다. 공부를 잘하기 위해서는 그 공부하고 싶은 마음인 동기가 내면에 가득 차 있어야 하는 것이다.

대니얼코일의 ‘탤런트 코드’라는 책에는 동기를 연구하는 심리학자 캐럴 드웩 박사 이야기가 나온다. 그는 한 가지 흥미로운 실험을 했다. 학업 성취도가 낮은 중학생 700명을 선정하여 아이들을 두 그룹으로 나누었다. 그런 다음 첫 번째 그룹은 8주 동안 공부 기술에 대한 워크숍에 참여시켰고, 두 번째 그룹은 똑같은 내용이지만 뇌가 도전을 받으면 얼마나 향상될 수 있는지에 대한 설명을 해주는 특강이 추가된 워크숍에 참여시켰다. 실험 결과, 한 학기가 지난 후 두 번째 그룹의 성적과 공부 습관이 현저히 향상되었다. 연구 팀은 교사들에게 어느 그룹에 어느 아이들에 속해 있었는지 알려주지 않았다. 그러나 교사들은 구별할 수 있었고, 정확히 지적할 수는 없었지만 뭔가 분명히 달라진 점이 있었다고 말했다. 두 번째 그룹의 아이들은 추가적으로 받은 특강에서 학습의욕을 자극받았을 확률이 높다. 다른 말로 동기가 부여된 것이다.

"Yon can lead a horse to water but you can' t make him drink."

서양 속담에 말을 물가에 데려갈 수는 있지만 물을 먹게 할 수는 없다는 말이 있다. 이 속담만큼 동기에 관해 제대로 표현하고 있는 문장은 찾아보기 힘들다. 공부할 수 있는 여건과 환경이 마련되어도 스스로 공부하고 싶은 마음이 들지 못하면 아무 소용없는 것이다. 아이의 마음속에 하고 싶다는 마음, 동기가 생겨야 하는 것이다. 그렇다면 말이 스스로 그 물을 마실 수 있게 하려면 어떻게 해야 할까? 어떻게 동기를 끌어낼 수 있느냐 말이다.

학습 동기는 크게 내적 동기와 외적 동기로 나뉜다. 내적 동기는 말 그대로 '안'에서 생기는 동기이다. 하고 싶은 마음, 그 마음 자체가 내적 동기인 것이다. 이 내적 동기는 긍정적 자아효능감의 형성과 관련이 있다. 쉬운 말로 스스로 뭔가를 이루어냄으로써 자기 자신을 가치 있고 긍정적인 존재로 여기는 것이다.

외적 동기로는 보상을 들 수 있다. 교육학 용어로는 '긍정적 강화'라는 말을 쓰기도 한다. 흔히 칭찬 스티커나 상을 주는 등의 방식이 여기에 속한다. 교육 전문가들은 내적 동기와 외적 동기가 균형적으로 조화를 이루는 것이 중요하다고 말한다.

그런데 현실에서는 그 조화가 힘들다. 내적 동기보다는 외적 동기로 아이들의 학습 의욕을 높이는 것이 쉽다 보니 불균형적으로 외적 동기에 많이 의존하게 된다. 하지만 보상은 당장은 달콤한 유혹일지 모르지만, 결과적으로 아이들의 학습 의욕을 더욱 파괴시킨다.

독일의 철학박사 라인하르트 K. 슈프렝어의 '내 인생 나를 위해서만'을 보면 이와 관련된 많은 사례들이 담겨 있다. 그중에 하나를 소개하면 다음과 같다.

어느 심리학 연구에서 여학생들을 모아놓고 어린아이들에게 새로운 놀이를 가르치는 과제를 냈다. 그리고 A 그룹에는 가르치는 데 성공할 때마다 영화표를 한 장씩 준다고 약속하고, B 그룹에는 아무런 보상도 제시하지 않았다. 어떤 결과가 나왔을까? 아무런 보상도 약속받지 않은 B 그룹이 더 큰 성과를 내었다.

이와 유사한 다수의 연구들을 통해 심리학자들은 다음과 결과를 도출해냈다. 보상을 약속받고 과제 수행에 들어간 사람들은 그 일에 쉽게 흥미를 잃고 불만을 갖게 된다. 그러다 보니 보상에 대한 약속 없이 과제를 맡은 사람들보다 오히려 못 한 성과를 올린다는 것이다. 이는 보상을 약속받는 순간 그 일이 갖는 본래의 의미와 가치는 사라져버리고, 보상을 받는 것만이 그 일을 하는 유일한 의미가 되기 때문이다. 한마디로 주객이 전도되는 현상이 벌어지는 것이다.

우리는 흔히 아이들에게 "이것을 하면 대신 저것을 해줄게."라는 말을 자주 하고는 한다. 예를 들어 "책을 다 읽으면 게임을 하게 해줄게."라는 말을 했다고 치자. 이렇게 말하는 순간 책을 읽는 행위에 대한 가치는 게임의 가치에 밀려나게 되는 것이다. 아이들은 게임에 열

망할수록 정작 그것의 획득에 필요한 책 읽는 행위는 더욱 대단치 않은 것으로 여기게 되는 것이다.

결국 이 보상이라는 것은 어떤 하고자 하는 일 자체에 대한 흥미와 재미를 반감시킨다. 더 심하게 말하면 그러한 근본적인 재미는 보상에 대한 재미로 아예 대체된다. 보상은 어떤 일 자체를 즐겁게 하고자 하는 열정을 없애고 의지를 막을 수 있다는 것을 알아둬야 한다.

보상이 위험한 이유는 한 가지가 더 있다. 바로 보상으로 성과를 이루게 하려면 보상의 수준이 단계적으로 올라가야 그 효과를 유지할 수 있다는 것이다. 이것의 대표적인 예가 "이번에는 시험 잘 보면 뭐 해줄 건데요?"라고 묻는 것이다. 이런 아이는 보상에 중독되었다고 볼 수 있다. 분명 지난번보다는 더 좋은 선물로 아이의 외적 동기를 자극해야 함은 분명한 사실이다.

그렇다면 아이들이 바른 공부 습관을 들이기 위해 어떻게 동기부여를 할 수 있을까? 우선 앞서 말한 것처럼 외적 동기를 많이 사용하는 것을 자제하기를 조언한다. 단시간에는 효과를 볼 수 있지만 장기적인 관점에서는 득보다는 실이 더 크다. 그렇다고 외적 동기의 효과를 아주 무시하자는 것은 아니다. 일정 부분 잘 사용하면 아이의 동기를 이끌어내는 데 적지 않은 효과를 볼 수 있다. 단지 무분별하게 외적 동기의 보상에만 치중하지 말자. 외적 동기인 보상을 할 때는 보상에만 아이가 관심이 가지 않도록 그것을 얻기 위한 과정의 중요성을 강조하는 말을 꼭 잊지 말고 하자. 그리고 결과보다는 그 과정에서 보이는 노력에 대해 칭찬하자.

또 아이 스스로가 아이 내면과 스스로 대화하는 방법을 아이들에게 가르치자. 한 심리학 연구에 따르면 어떤 목표를 달성할 때 자기 자신에게 "난 할 수 있어."라고 말하는 것보다 "할 수 있을까?"라고 묻는 편이 훨씬 더 효과적이라고 한다.

엄마도 아이에게 무조건 "넌 할 수 있어."라고 말하기보다 "우리 OO이, 이것 할 수 있을까?" 하고 질문하며 동기를 자극해보자. 그리고 그것을 아이들이 스스로에게도 물을 수 있는 자기 내면과 나누는 대화법을 연습시키자.

자신이 내키지 않는 일을 억지로 시킬 수는 없는 법이다. 공부도 마찬가지이다. 바른 공부 습관은 동기부여에서 시작됨을 잊지 말자. 그러기 위해서 아이가 스스로 목이 말라 물을 마실 때까지 기다려주는 엄마가 되어보는 것은 어떨까? 동기부여가 안 된 아이들에게 억지로 공부를 시키지 말자. 억지로 공부시키는 데 드는 시간과 비용, 노력을 아껴야 한다. 아낀 그것을 아이가 공부하고 싶다고 말할 때 풀어야 한다. 그것이 현명하다. 반대로 동기부여가 안 된 상태에서 공부를 시키는 것은 밑 빠진 독에 물 붓기라는 것을 절대 잊지 않았으면 한다.

정보력이 뛰어난 엄마가 위험한 엄마다

아이가 명문대에 입학하기 위해서는 다음의 세 가지가 필요하다고 한다. 할아버지의 경제력, 엄마의 정보력, 아빠의 무관심이 그 세 가지 조건이란다. 그 이야기를 듣자하니 몇 년 전에 방영된 '아내의 자격'이라는 드라마가 떠오른다. 기혼 남녀의 사랑이야기를 다룬 정통 멜로드라마라고 소개되는 드라마지만, 많은 엄마들은 드라마 속에 등장하는 강남의 대치동 학원가 이야기에 더 관심을 가졌다. 실제 강남 대치동 학원가를 중심으로 촬영을 하며 현장의 생생함을 담으려고 한 것이 많은 엄마들의 이목을 더 집중시키게 만들었다.

그 드라마의 전 편을 다 본 것은 아니지만 몇 편만으로도 대충 강남 엄마와 그들을 둘러싼 강남 학원가의 풍경을 살펴 볼 수 있었다. 그리고 할머니, 할아버지를 포함한 온 가족이 아이의 교육을 위해 힘을 합치는 모습 등 여러 가지를 엿볼 수 있었다. 드라마는 드라마일 뿐일까? 아니면 현실을 반영한 드라마일까? 정말 강남에 사는 엄마들은 아이들은 다 그렇게 살고 있는 것인가?

내가 지켜본 바로는 그런 엄마도 있고 아닌 엄마도 있다는 것이다. 하지만 분명한 것은 모든 강남 엄마들이 다 그렇게 드라마에서처럼 학원 정보에 빠삭하고, 좀 더 좋은 학원에서 좀 더 좋은 팀 안에서 아이를 공부시키기 위해 갖은 방법을 동원하지는 않는다.

그렇다면 엄마의 정보력을 판가름하는 그 정보의 정체는 무엇일까? 흔히 엄마의 정보력이 아이의 미래를 좌우한다고 하는 그 대단한 능력의 대상, 정보는 어떤 것에 대한 정보인지 궁금하다. 아마도 대부분의 엄마들이 말하는 정보력이란, 입시에 관한 정보들일 가능성이 크다. 결국 대학입시를 잘 치르기 위해 어릴 때부터 어떤 것들을 준비해야 하는지부터 시작해서 어떤 학원이 유명하고 잘 가르치는지에 대한 사교육 정보까지, 일련의 입시와 관련된 모든 정보가 그 정보력의 바탕이 되어주는 것들이 아닐까 싶다.

그 정보력이 계속 강조되는 이유 중에 하나는 우리나라 교육제도 혹은 입시제도가 자주 변화되는 것에서 찾을 수 있을 것이다. 교육제도가 자주 변화되는 만큼 그 정보라는 것도 새롭게 다시 업데이트가 계속되어야 하기 때문이다. 새롭게 계속 업데이틀 해내는 능력이 바로 그 정보력인 것이다. 엄마들의 정보력을 말할 때 사설 학원의 사교육에 관한 정보를 수집하는 능력이 빠질 수 없는 이유는 사교육 시장은 그 자주 변화하는 입시제도에 맞게 항상 발 빠른 변화를 함께 추구하며 대응하기 때문이다. 결과적으로 엄마의 정보는 변화하는 입시제도에 맞게 발 빠르게 움직이는 사교육 시장에 관한 정보가 주를 이루며 그것을 빠르게 업데이트하는 능력이 엄마의 정보력에 가깝다는 것이다.

그렇다면 그러한 정보력을 갖추는 것이 꼭 위험한 일일까? 우리나라의 교육현실이 그렇다고 하는데 엄마가 정보력이라도 갖추지 않으면 우리 아이들을 어떻게 공부시키느냐고 반문할 수 있다. 그러한 질문을 던지는 엄마들의 애타는 심정도 모르지 않는다. 시도 때도 없이 변화는 교육과정과 교육제도에 혼란스러운 것은 교사도 마찬가지이다.

사실 이 질문에 앞서 '사교육이 꼭 나쁜 것인가?'라는 질문이 먼저 필요할 수 있겠다. 이제 대한민국에서 공교육과 사교육은 떼려야 뗄 수 없는 공생관계(?)에 놓여 있다. 우리나라의 전반적인 교육 시스템과 사회 구조를 고려해 봤을 때, 사교육을 단절시키기란 여러 가지 현실적 한계와 제약이 있다. 또 공교육에 모든 것을 다 요구할 수 없는 제도적 문제점이 분명히 있다. 과도하게 불붙어 있는 입시경쟁을 한 방에 불을 끌 수 있는 방법이 없는 한 공교육은 이러한 상황 속에서 늘 부족하다고 비판받고 그에 따라 사교육은 계속될 수밖에 없다.

개인적으로 사교육이 무조건 나쁘다고는 말하고 싶지 않다. 사교육 현장에서도 아이들을 사랑으로 대하고 진심으로 그들의 미래를 위해 애쓰는 선생님들이 많다는 것을 안다. 진심은 장소에 구애받지 않는다. 문제는 공교육이나 사교육이냐가 아니다. 공교육만으로도 자신이 원하는 꿈을 이루는 아이도 있을 것이며, 사교육의 도움을 받아 원하는 대학에 입학해 자신의 꿈을 이루는 아이도 있을 것이다. 교육은 항상 '무엇이'가 아니라 '어떻게'에 따라 다른 결과를 만들어 낸다.

공교육이냐 사교육이냐 하는 이분법적인 사고보다는 어떤 교육이든 나에게 맞는 교육을 찾아 제대로 하면 된다. 제대로 한다는 것은 무분별하게 혹은 과도하게 하지 않는다는 의미이다. 공교육은 과도하게 해봤자 정해진 등교시간과 하교시간이 있기에 과열되는 것이 불가능하다. 하지만 사교육은 가능하다. 그래서 자칫하면 지나치게 과잉으로 사교육에 의존하게 될 수 있다는 것이다. 여기에 엄마의 정보력에 위험 신호가 켜질 수 있는 여지가 있는 것이다.

엄마의 뛰어난 정보력은 아이에게 지나치게 불필요한 사교육을 시키게 될 가능성이 커진다. 그 이유는 앞서서도 말했지만 그 정보라는 것이 아이가 학교 밖에서 따로 배워야 하는 것들에 관한 것이 대부분이기 때문이다. 또한 대치동 학원은 정말 세분화되어 있다. 학기 초에 아이들의 방과 후의 생활을 파악하기 위해 조사해 보면, 같은 학원을 다니는 아이를 찾기가 쉽지 않다. 그만큼 대치동 학원가는 다양한 스펙트럼을 가지고 있다. 같은 수학 학원이라도 정말 많은 종류의 세

분화된 학원이 그 속에 있다. 그것은 그만큼 아이가 다녀야 할 학원이 많아질 수 있는 환경에 노출되어 있고, 아이가 공부에 대해 갖게 되는 부담이 그만큼 커질 수 있다는 것을 내포하고 있다. 물론 예외의 경우도 있을 수 있다. 뛰어난 정보력을 바탕으로 아이에게 적절한 사교육을 시키는 엄마들도 있을 수 있다. 하지만 그것보다 그 반대의 가능성이 더 크다는 것을 주변에서 적지 않게 볼 수 있었다.

사교육에 몸담고 있었던 학원 강사 출신의 한 교육전문가가 어떤 매체와의 인터뷰에서 이런 말을 한 적이 있었다.

"좋은 학원은 없다. 좋은 아이들이 좋은 학원을 만든다. 성적 좋은 아이들이 몰린 학원이 곧 좋은 학원이 되는 것이다."

많은 학원에서 성적이 좋은 아이들을 유치(?)하기 위해 애쓰는 이유도 이것이다. 이 말은 좋은 학원 정보를 얻기 위해 오늘도 고군분투하는 엄마들에게는 더욱 시사하는 바가 크다. 좋은 학원 정보를 얻기 위해 많은 시간과 비용을 쓰기보다는 우리 아이에게 필요한 정보를 알맞게 얻는 것이 더 중요하다.

우리 아이에게 필요한 정보만을 얻기 위해서는 또 어떻게 해야 할까? 우선 아이에 대한 이해가 먼저이다. 아이가 부족하다고 생각하는 부분이나 아이가 배우고자 의욕을 보이는 부분 등 아이에게 필요한 정보의 분야가 어떤 것인지 부터 파악하는 것이 먼저이다. 그런 후에는 엄마가 해당 정보를 보유하고 있는 곳을 직접 찾아가서 선별적으로 얻도록 한다.

차 마시는 카페에서 모이는 엄마들의 모임에서 얻는 정보는 많은 정보들이 혼재되어 있는 경우가 많다. 쉽게 말해 불필요하거나 정확하지 않은 정보들이 대다수 포함되어 있는 것이다. 그리고 그러한 모임에서 듣게 되는 정보는 엄마들의 불안감만 높이는 출처가 불분명한 것들이 많다. 또 그러한 모임이 위험한 것은 단순히 교육정보만이 아닌 다른 이야기들이 함께 공유되기 때문이다. 아이들의 교우관계나 교사, 혹은 다른 엄마들에 대한 왜곡된 정보가 서로 거론되면서 불편한 모임이 되기 쉽다. 간혹 반모임이나 엄마들 모임에 나가지 않으면 엄마들 사이에서 왕따가 되기 쉽고 아이들에게도 영향이 미친다고 우려하는 엄마들이 있다. 그런 엄마들에게 이런 말은 해줄 수 있다. 내가 만난 자녀교육에 똑 소리 나던 강남 엄마들은 반모임이나 엄마들 모임을 좋아하지 않았다.

우리 속담에 '모르는 것이 약'이라는 말이 있다. 아이를 기르는 데 있어 교육과 관련된 이런저런 정보들을 얻는 일에 있어 이 속담은 엄마들에게 묵묵한 조언이 될 수 있다. 너무 많은 것을 알려고 하지 말자. 너무 많은 것을 들으려고 하지 말자. 정보력이 뛰어난 엄마일수록 잘못된 선택을 할 확률이 높아진다. 정보력이 뛰어나다는 것은 그만큼 잘못된 정보도 쉽게 얻을 수 있다는 뜻이다. 또 가지고 있는 정보가 많다 보니 선택의 폭이 넓다는 의미도 된다. 그것은 그만큼 한 가지 선택에 집중하기가 쉽지 않다는 의미이기도 하다. 그렇게 되면 올바른 선택보다 그 반대의 선택을 하게 될 가능성이 커지게 된다. 그러니 갖가지 정보에 목숨 걸지 말자.

또 다른 속담에 '아는 만큼 보인다.'라는 말도 있다. 정보력이 뛰어난 엄마는 많은 정보를 들어서 아는 만큼 온 천지가 아이가 배워야 할 것들로 보인다. 그렇게 되면 아이에게 많은 것을 배우라고 요구하는 엄마가 될 가능성이 크다. 그 가능성만큼 아이가 행복하지 않을 가능성도 함께 커진다. 필요한 정보만 스스로 취사선택하여 얻는 현명한 엄마가 되자. 무엇보다 우리 아이에게 편안한 엄마가 되었으면 좋겠다.

창의력은 학원에서 길러지지 않는다

얼마 전 우연히 보게 된 신문에서 기사 하나를 발견했다. 동아일보에 실린 기사로 전국 20개 과학고의 2016학년도 모집 요강에 관한 것이었다. 기사의 내용은 대충 이러하다. 올해 서울지역 과학고 면접은 '융합형 문제'가 출제된다고 한다. 즉 수학이나 과학 어느 특정 과목에 국한된 문제가 아니라 각 과목을 넘나드는 융합형 문제가 출제되기 때문에 수험생은 바뀐 면접 방식과 예상 출제 문제를 파악해야 한다고 조언하고 있었다. 2단계 면접을 통해 학생들의 창의성과 자기주도학습 능력 등을 종합적으로 평가한다고 한다. 그것이 입시 당락을 좌우할 수 있다고 했다. 입시업체의 한 관계자가 과학고는 사교육의 도움을 받지 않은 인재를 뽑기 위해 노력해 왔으며 올해 서울 지역 과학고는 면접 문항이 통합형으로 새롭게 출제되면서 사교육으로 준비하는 것이 더 어려울 것이라고 분석했다.

　'해양 쓰레기 청소업체 오션 클린업의 대표 보안 슬랫은 16세에 다이빙을 하면서 바다 쓰레기를 왜 아무도 치우지 않을까 하고 의문을 가졌다. 그는 해류의 순환에 따라 쓰레기가 모이는 곳에 자신이 개발한 수거 장치를 설치하는 해결 방안을 발표했다. 수험생이 생각하기에 지구를 더럽히는 심각한 오염원은 무엇이며, 그에 대한 해결책은 무엇인지 말해 보시오.'
　(동아일보 2015년 6월 11일자 이은택 기자)

　기사 중간에 실린 그 말도 어려운 '융합형' 문제의 예시 문항이다. 이 문제를 보면서 드는 생각은 딱 두 가지이다. 우선 문제가 어렵다는 것, 두 번째로는 입시업체 관계자가 말한 것처럼 학원에서 배워서 풀 수 있는 문제는 아니라는 것이다. 내가 말하고 싶은 것도 바로 이 점이다. 창의력은 절대로 학원에서 길러지지 않는다는 것, 이것을 엄마들이 꼭 기억했으면 한다.
　언젠가부터 우리 교육계에는 창의성 열풍이 불기 시작했다. 유행하는 갖가지 교육정보들 앞에는 '창의성'이라는 말이 붙기 시작했고, 이 창의성을 길러준다는 명목하에 정말 다양한 교육상품들이 우후죽순 생겨나고 있다. 그렇다면 이 창의성이라는 것은 무엇일까?

다양한 학자들이 말하고 있는 창의성의 정의를 잠시 살펴보면 다음과 같다.

· Guilford : 새롭고 신기한 것을 낳는 힘 혹은 새로운 사고를 생산해 내는 것.
· Torrance : 발산적 사고라고도 하며 독특하고 새로운 아이디어, 다른 관점, 문제를 새로운 시각으로 보는 것.
· Sternberg : 가치가 없다고 여겨지는 것을 의미 있고 중요하며 가치가 있는 아이디어로 개발하는 것.

조금씩 표현만 다르지만, 공통적으로 새로운 것을 만들어내는 아이디어라는 생각에는 모두 동의하는 듯싶다. 그렇다면 그 새로운 것을 만들어 내는 아이디어라는 것은 정말 '애초에' 새로운 것일까? 이 질문에 대한 대답으로 콜롬비아 대학교 경영학과 윌러임 더건 교수가 말한 '창조적 조합'을 말하고 싶다.

그가 말하는 창조적 아이디어는 어느 날 반짝 튀어 나오는 것이 아니라 기존의 지식들이 새롭게 결합한 것일 뿐이라는 의미이다. 정말 그러할까? 우리가 흔히 창의력을 이야기할 때 떠올리는 인물 스티브 잡스를 보자.

그는 이미 형성된 MP3 시장에 뒤늦게 뛰어들어 애플의 아이 팟을 선보였다. MP3를 처음으로 만들어낸 사람이 아니라, 애플만의 상징

이 들어간 매력적인 디자인과 편리한 기능으로 기존의 평범한 MP3와 차별화시킨 사람이었다. 이렇듯 창의력이라는 것은 무조건 새로운 것이 아니라 기존의 지식을 새롭게 조합하는 것에 있다. 그 말인즉슨, 기존의 지식을 있는 그대로 받아들이는 것이 아니라, 새롭게 조합할 수 있는 눈을 길러야 하는 것이다. 그렇다면 그러한 능력은 어디서 나오는 것일까?

첫째, 창의력은 창의성을 허락하는 환경에서 길러진다.

창의력은 요구하는 것이 아니라 허락되는 것이라는 말이 있다. 창의성을 존중하는 환경의 중요성을 이야기하는 것이었다.

사무용품으로 유명한 3M 회사는 특별한 사칙을 가지고 있다. 모든 직원이 그 회사에서 쓰는 시간의 15%에 해당하는 시간만큼 자기가 한번 해보고 싶은 해보고 싶은 것을 마음껏 할 수 있도록 허락하게 한 것이다. 사람들은 많은 그 시간 동안 많은 도전과 시도를 했고 그 속에서 많은 실패와 실수를 했다. 그 결과 1981년 접착 메모지인 포스트잇이 탄생할 수 있었다.

EBS 다큐프라인 제작팀이 엮은 '아이의 정서지능'을 보면 창의성 연구의 권위자인 하버드 대학교 경영대학원 테레사 에머빌 교수의 인터뷰 자료가 나온다. 그 교수는 매우 창의적인 아이들의 가정과 그렇지 않은 아이들의 가정을 비교하는 연구를 통해 다음과 같은 사실을 알게 되었다고 한다.

매우 창의적인 아이의 부모는 아이가 자신의 생각을 자유롭게 표현하도록 격려하고 그 생각을 늘 존중했다. 아이 스스로 많은 일을 결정하도록 했으며 아이와 다정하고 친밀하게 보내는 시간을 많이 가졌다고 한다. 반대로 창의적이지 못한 아이의 부모는 자신의 생각과 다른 아이의 생각을 인정하지 않았으며, 아이가 부모의 의견에 의문을 제기하거나 반대하는 것을 허락하지 않았다고 한다. 심지어 부모가 정한 일정한 형식을 따르지 않으면 벌까지 주었다고 한다.

창의적인 아이로 키우기 위해서는 아이가 그 창의성을 표현하는 데 있어 주저함이 없는 허용적인 가정에서의 분위기가 무엇보다도 중요하다. 아이들의 생각과 의견을 존중하고 실수에도 관대한 엄마가 되는 것이 창의적인 아이를 기르는 데 있어 우선이 되어야 한다.

둘째, 창의력은 혼자 생각하는 시간에 길러진다.

구글 회사는 직원들에게 일하는 시간의 20%를 놀면서 쉬게 한다. 직원들을 놀리며 쉬게 해야 창의적인 생각이 나온다고 판단했기 때문이다. 그 쉬는 시간 동안 직원들은 여러 가지 생각들을 하게 될 것이고 그것이 회사에 도움이 되는 창의적인 아이디어가 될 수 있다는 것이다.

우리 아이들도 마찬가지이다. 혼자서 생각하는 시간을 갖도록 해야 하는 것이다. 요즘 아이들의 스케줄을 보면 도통 생각할 시간은 주어지지 않는다. 빽빽하게 짜인 하루 일과 스케줄 속에서 아이들은 생각할 시간이 없다. 그냥 가방만 들고 왔다 갔다 할 뿐이다. 그 속에서 아이들의 창의성은 절대 길러지지 않는다.

혼자서 이런저런 생각을 하며 상상하도록 해야 한다. 아이들의 창의력은 거기에서 시작된다. 상상력은 창의력의 핵심이다. 상상의 나래를 펼치며 다양한 사고를 하는 것은 창의력 향상에 아주 중요한 부분을 차지한다.

상상력은 신이 주신 선물이라고 말할 만큼 인간에게 주어진 매우 소중한 능력이다. 마음껏 상상하며 엉뚱해지도록 두자. 그렇게 혼자 생각하며 상상하는 과정 속에서 아이는 점점 더 창의적인 아이로 성장해 나갈 것이다. 지금 잠시 놀고 있는 모습에, 빈둥거리며 쉬고 있는 모습에 불안해하지 말자. 아이는 지금 상상놀이를 통해 창의력을 향상시키고 있는 중이다.

창의력은 학원에서 길러지지 않는다. 학원을 다녀 온 후 혹은 학원을 가지 않고 혼자서 생각하는 시간에 길러진다. 아이가 혼자서 이런저런 공상과 망상과 상상에 빠져 있다면 기뻐하자. 아이는 지금 매우 창조적인 놀이를 하고 있는 중이다. 이따금씩 아이가 자신이 생각했던 것들을 말로 표현했을 때 "정말? 왜 그런 생각을 하게 된 거야?" 하고 되물어보자. 그러한 질문에 대답하는 과정을 거치다 보면 처음에는 무척이나 터무니없던 생각들이 점점 구체화되고 현실화될 것이다. 그렇게 되면 한국의 스티브잡스가 탄생하는 것은 시간문제이다.

특별하다고 말하면 특별한 아이로 자란다

나는 가수 이적을 좋아한다. 그의 노래 실력도 매우 훌륭하다고 생각하지만, 그를 좋아하는 진짜 이유는 바로 가사를 짓는 능력 때문이다. 그가 만든 가사를 볼 때면 정말 천재가 아닐까 싶을 정도로 인생을 바라보는 그의 시선은 웬만한 철학자와 맞먹는다고 자주 생각한다. 그의 자작곡 중에서 가장 으뜸을 꼽으라면 '말하는 대로'를 서슴없이 뽑겠다. '무한도전'에서 무명시절을 겪은 유재석이 그동안의 살아온 이야기를 듣고 가수 이적이 그 자리에서 생각나는 대로 즉흥적으로 뽑아내던 가사를 바탕으로 만들어진 이 노래는 정말 나의 교육 철학과도 맞닿는 부분이 많아 좋아하는 곡이다.

말하는 대로 말하는 대로

될 수 있다고 될 수 있다고
그대 믿는다면

마음먹은 대로 내가 마음먹은 대로
생각한 대로 그대 생각한 대로
도전은 무한히 인생은 영원히
말하는 대로 말하는 대로
말하는 대로 말하는 대로

'말하는 대로'의 일부 가사처럼 나는 아이들에게 말하는 대로 될 수 있다고 그렇게 믿는다고 힘주어 이야기하고는 했다. 그러면서 내가 아이들을 만나 가장 먼저 해주는 말은 바로 '너희들은 특별하단다.' 이다. 나는 항상 생각했다. 서른 명이 조금 안 되는 아이들이 내게 오는 이유가 분명히 있다는 것을. 그 아이들이 내게 온 이유는 바로 그들이 가지고 있는 각기 다른 특별함과 소중함을 일깨워 주기 위함이라고 생각했다. 그래서 항상 만나게 되는 아이들에게 힘주어 너희들 모두가 특별하다고 말하고 또 말했다.

내가 만나온 아이들에게 항상 읽어주었던 맥스 루케이도 선생님의 '너는 특별하단다'라는 그림책에는 이런 말들이 나온다.

"남들이 어떻게 생각하느냐가 아니라 내가 어떻게 생각하느냐가 중요하단다. 난 네가 아주 특별하다고 생각해."

"너는 단지 너라는 이유만으로 특별하단다."

얼굴이 잘생기고 예뻐서, 똑똑하고 공부를 잘해서, 특별한 것이 아니라 그냥 아이들의 있는 그대로 '너는 너이기 때문에 특별하다.'고 이야기해 준다. 특별함에는 어떤 자격도 필요 없으며, 아이들이 존재함 자체만으로도 충분하다고 덧붙인다. 그런 말을 들은 아이들은 정말 특별한 행동과 말을 한다는 것을 나는 10년이라는 시간 속에서 수십 번, 수백 번 증명을 받으며 축복받은 교사의 삶을 살았다. 그랬기에 힘주어 우리 엄마들에게도 아이들에게 그들에게 매일같이 그들의 특별함에 대해 말해주라고 이야기하고 싶다.

아이들은 정말 말하는 대로 그렇게 자라게 된다. 이것을 나는 즐거운 세뇌교육이라고 말하고 싶다. 세뇌는 영어로 Brainwashing로 표현된다. 인간의 두뇌(Brain)에 기존에 있던 사상이나 가치관을 씻어내(washing) 전혀 새로운 인식과 가치관을 심어주는 것이다.

이와 관련된 재미난 이야기를 한 연수에서 들을 수 있었다. 중동고등학교 교사이면서 철학 박사이기도 한 안광복 선생님은 다음과 같은 이야기를 했다.

"나는 아이들의 이름이 적힌 출석부를 받게 되면 제일 먼저 아이들 옆에 하나씩 좋은 단어들을 적어둔다. 1번 김00 옆에는 배려, 2번 나00 옆에는 성실, 3번 도00 옆에는 신뢰 등등 아이들 옆에 적어둔 그 말이 그 아이를 대표하는 말이 되는 것이다. 1년 동안 실제로 그 아이가 그렇다고 생각하고 그 말을 써서 자주 불러 주는 것이다. 그렇게 시간이 흘러 1년 후가 되면 그 아이는 그 말과 닮아 있는 학생으로 성장해 있는 놀라운 결과를 보게 된다. 그래서 아이들에게 사랑의 말을 반복하라고 강조했다."

이처럼 우리가 하는 말에는 엄청난 위력이 있음을 알아야 한다. 우연히 이와 관련된 기사를 읽은 적이 있다. 사교육 없이 두 딸을 소위 명문대에 입학시킨 한 부모의 인터뷰 기사였다. 처음에는 큰 기대 없이 이제까지 수없이 봐왔던 어떻게 아이들을 명문대에 보냈는지에 관한 기사이겠거니 싶었다. 그런데 기사에는 색다른 교육비법이 들어가 있었다. 그 부모는 아이들에게 명문대가 중요한 것이 아니라 아이들이 이루고 싶은 꿈은 무엇인지, 진정으로 하고 싶은 일을 찾도록 독려했다.

그래서 단순히 성적이 좋아서 간 명문대가 아니라, 자신들의 꿈이 반영된 학과를 선택했다고 한다. 그 과정에서 더욱 특별했던 것은 아이들이 이루고 싶은 꿈을 이룬 것처럼 아이들을 대했다는 것이다. 아이들을 깨울 때도 아이가 가고 싶은 대학의 학과 학생이 되었다고 생각하고 그렇게 불렀다고 한다.

"OOO대생 일어나요."

또 아이가 원하는 일을 하는 찾아 하고 있는 것처럼 그렇게 불러주며 아이들이 마치 꿈을 이룬 듯한 즐거운 착각에 빠지도록 했다. 아이가 꿈꾸는 미래가 이미 이루어진 것처럼 말하고 불러주자 아이는 정말 그 미래를 현실로 살게 된 것이다.

엄마가 아이들에게 일상적으로 자주 하는 말들은 아이들이 꿈을 향해 나아가는 데 힘이 되어 줄 수 있다. 그러한 말을 듣고 자란 아이는 그 꿈을 현실에서 이뤄내게 된다. 정말 말하는 대로 아이들이 클 수 있다고 믿고, 제대로 말해보자. 그 말이 세뇌가 되어서 자신도 모르게 그것을 이룰 수도 있고, 엄마가 해주는 말 한마디에 힘을 얻고 응원이 되어 이룰 수 있다.

중요한 것은 결국은 이룬다는 것이다. 옛 속담에 '말 한마디로 천 냥 빚을 갚는다.'라는 말이 있다. 나는 이렇게 말하고 싶다. '말 한마디로 천 냥보다 값진 아이들의 꿈을 이루게 할 수 있다.'라고 말이다.

혹자는 아이들에게 특별하다고 말하는 것이 요즘 말로 '근자감,' 근거 없는 자신감만 키워줄 수 있다고 말한다. 괜한 우월감을 갖게 할 수도 있다는 것이다. 하지만 이것은 특별함을 이야기하는 방식에 문제가 있었을 경우이다. 아이의 특별함을 이야기할 때 그 앞에 조건을 붙여 이야기하지는 않았는지 혹은 다른 아이들과 비교를 하면서 특별하다고 이야기한 것이 아닐지 생각할 필요가 있다. 그런 경우가 아니라면 아이는 있는 그대로의 자신의 모습을 인정해주는 부모의 말에서 우월감이 아닌 자신감을 키우게 될 것이다.

팔 다리가 온전치 못하지만 세계적인 베스트셀러 작가이자 희망 전도사로 유명한 닉 부이치치가 한국을 방문해 한 토크쇼에 출현했

216

다. 방송의 한 장면에서 그는 이런 말을 남겼다.

"우리는 다 다르게 생겼기 때문에 아름답습니다."

그 말을 듣는데 가슴이 뭉클해졌다. 진심으로 공감한다. 우리는 다 다르게 생겼기 때문에 모두가 다 특별하다. 한 명 한 명이 모두 소중한 사람들이다.

잠들기 전에 아이들에게 이야기해 주자. 엄마에게 와준 너는 세상에서 하나뿐인 소중한 존재라고 말이다. 그래서 정말 특별하다고 말해주자. 특별하다고 말하면 특별한 아이로 자란다. 엄마가 말하는 대로, 그렇게 아이는 특별하게 자랄 것이다. 더불어 이것 또한 잊지 말자. 특별함에는 조건이 없다는 것을.

아이들은 각자 가지고 있는 특별함을 담은 꿈을 향해 나아가는 것으로 그 특별함을 증명해 보일 것이다. 세상 사람들이 말하는 특정한 기준으로 인해 우리 아이들의 빛나는 특별함이 퇴색되지 않기를 바란다.

5장
강남에 살지 않아도 강남 엄마처럼 가르쳐라

좋은 엄마가 되려면 엄마의 자존감부터 키워라

우선 좋은 엄마가 되기 위해서 강남에 사느냐 안 사느냐는 크게 상관없다고 이야기하고 싶다. 강남에 살지 않아도 괜찮다. 어쩌면 강남에 살지 않기 때문에 더 다행이라고 말하는 것이 훨씬 정확할지 모른다.

사람들이 알고 있는 강남 신화는 실화에 바탕을 두지 않은 경우도 많으며, 만반의 준비를 한 강남 입성도 생각지도 못한 난간에 부딪히는 경우가 많이 생기기 때문이다. 이제까지 강남 엄마의 교육비결을 운운하며 좋은 말만 해놓고 이게 웬 뜬금없는 이야기인가 싶을 수도 있겠다.

이곳에 적은 대부분의 사례와 일화는 강남 엄마에 대한 고정관념과 편견을 깨는 지혜롭고 현명한 엄마들의 이야기이다. 예상(?) 밖으로 이런 강남 엄마들이 많다는 것에 나는 놀랐고, 강남 엄마도 공감할 수 없는 잘못된 강남 엄마에 대한 이야기들이 난무하는 현실이 안타까웠다. 그래서 그 이야기를 세상 밖으로 꺼내고 싶었다. 그러나 어느 곳에 가든 모든 사람이 단 하나의 모습을 하기 힘든 것처럼, 이곳에 담지 못한 다양한 강남 엄마들에 관한 이야기들도 많다.

하지만 그러한 엄마들에 관해 굳이 이야기할 필요가 없었던 이유는 그러한 엄마들은 강남이 아닌 어느 곳에서도 만날 수 있기 때문이다. 그리고 더 중요한 이유는 강남으로 오고 싶지만 현실적으로 들어올 수 없는 엄마들에게 강남 엄마의 좋은 점만 벤치마킹할 수 있도록 돕고 싶은 마음이 있었기 때문이다. 그래서 강남 엄마가 아니라서 느끼는 불안감을 덜게 해주고 싶었다. 또한 강남에 살면서도 이리저리 치이며 흔들리는, 아픈 강남 엄마들에게도 힘을 주고 싶었다.

잘하고 있다고 흔들리지 말라고 말이다. 결국 어디에서 사느냐가 중요한 것이 아니라 엄마인 내가 어떤 사람이냐가 중요하다는 것이다.

거듭 말하고 싶다. 강남 엄마로 강남에서 살지 않아도 충분히 당신은 좋은 엄마가 될 수 있다. 아니, 오히려 더 쉬울 수 있다. 대신 이것만 장착하면 된다. 그것은 다름 아닌 엄마의 자존감이다. 흔들리며 아픈 강남 엄마에게도 다시 말하고 싶다. 잘 나가는 강남 사모님들 사이에서 기죽지 말고 이것만 장착하라고. 엄마의 자. 존. 감!

자존감이란 무엇일까? 자존감이란, '자기를 존중하고 사랑하는 마음'을 뜻한다. 1890년대 미국의 의사이자 철학자인 윌리엄 제임스가 처음 사용한 말이다. 자존감이 높은 사람은 자기 자신이 사랑받을 만한 가치가 있는 소중한 존재라고 생각하며 어떤 일을 이뤄낼 만큼 유능한 사람이라고 생각한다. 자존감을 강조하는 이유는 엄마의 자존감이 아이에게 그대로 대물림될 수 있다는 사실 때문이다. 또 다른 이유로 이 자존감은 성공과 행복의 열쇠가 될 수 있다는 점을 들 수 있다. 결국 우리 아이들이 자신의 삶을 성공적으로 행복하게 살기 위해서는 높은 자존감을 엄마로부터 대물림받아야 한다는 이야기이다. 그래서 좋은 엄마가 되기 위해서는 엄마부터 자존감을 키워야 하는 것이다.

그렇다면 나는 자존감이 높은 엄마일까? 혹은 자존감이 낮은 엄마일까?

조세핀 킴 교수가 쓴 '우리 아이 자존감의 비밀'에서는 자존감이 낮은 어른들의 특징들을 다음과 같이 말하고 있다.

1. 일관성이 없다.
2. 잘 모르는 사람은 일단 꺼린다.
3. 사람들과 사사건건 부딪친다.
4. 문제의 핵심을 피한다.
5. 남들에게만 잘한다.
6. 단점이 드러나는 걸 두려워한다.

　이처럼 6가지와 반대되는 행동을 주로 한다면 자존감이 높은 엄마
일 가능성이 높다고 볼 수 있을 것이다.

　내가 만난 강남 엄마들 중에서 자존감이 높았던 많은 엄마들은 매
우 긍정적이었다. 그런 엄마들과 상담을 할 때면 마음이 편했다. 내
가 아이를 위해 진심을 담아 하는 조언들에 대해 매우 감사해했고,
무엇보다 그 조언을 있는 그대로 받아들였다. 또 아이가 무엇인가를
실수하거나 어떤 일에 실패하더라도 자신들의 자녀들을 끝까지 믿어
주었고, 성장하기 위한 과정에서 벌어지는 자연스러운 일이라고 반
응할 때가 많았다.
　그런 엄마 밑에서 자란 아이들은 어려운 일이 닥쳤을 때 쉽게 포기
하거나 좌절하지 않았다. 끝까지 해보는 근성을 보이거나 설령 잘되
지 않았을 때도 크게 낙심하지 않는 모습을 보였다. 이렇게 자신을
존중하고 사랑할 줄 아는 아이들은 학습 능력도 대체적으로 우수한
편이었다.
　그렇다면 자존감이 낮은 엄마들은 어떻게 해야 할까? 내가 만난 강
남 엄마 중에서 경제적으로는 부유했지만 시댁과의 갈등으로 심한
우울증까지 겪은 엄마가 있었다. 그런 상황에서 그 엄마의 자존감은
점점 더 낮아져만 갔다. 기분이 좀 나을 때는 그나마 괜찮았지만, 그
반대일 경우에 그 엄마는 아이의 작은 실수에도 아이에게 지나친 화
를 버럭 잘 내었다고 말했다. 그 엄마는 그런 행동을 한 후 바로 후회

하고 자기 자신을 또 탓하며 스스로를 미워하는 악순환을 반복하고 있었다. 그런 엄마 밑에서 자란 민영이는 늘 가지고 있는 능력에 비해 자신감이 부족해 담임교사로서 안타까움을 자주 느꼈다.

민영 엄마의 이야기처럼 엄마들의 자존감을 흔드는 요소들은 여기 저기 산재해 있다. 자신이 원하지 않았던 어린 시절의 상처와 부부관계, 대인관계에서 오는 갈등 등 다양한 것들이 엄마들의 자존감을 해치는 방해 요소들이 될 수 있다. 정신과 클리닉 상담을 통해 그 아픔들을 제대로 정리(?)할 수 있다면 더할 나위 없이 좋지만, 그러지 쉽지 않은 것이 우리 엄마들의 삶이다. 그렇다고 손 놓고 있을 수는 없지 않은가? 그렇다면 엄마의 자존감은 어떻게 회복될 수 있을까? 결국 내 안에서 답을 찾아야 한다고 말하고 싶다. 이제 와서 부모를 바꾸고, 남편을 바꾸고 시댁을 바꿀 수 없는 일이니 결국은 내가 변하는 방법이 제일 빠르고 속 편한 방법인 것이다.

그 질문의 또 다른 대답으로 이대희의 '하루하루 인생의 마지막 날처럼 살아라'라는 책에서 발견한 문장 하나를 덧붙이고 싶다. 유대인의 지혜를 담은 그 책에는 이런 글귀가 있었다.

"매 순간 자신을 잘 대접하라."

자신을 손님처럼, 귀하게 대접하는 것 그것이 우리 엄마들이 스스로 자존감을 키울 수 있는 방법인 것이다. 우리는 손님이 오면 안 하던 집안일도 하며 집을 깨끗하게 하고, 맛있는 음식을 준비한다. 손님의 취향을 고려해 이것저것 신경 써서 손님맞이 준비를 한다. 그렇게 손님은 극진히 대접하는 엄마들이지만 정작 자기 자신은 찬밥에 물을 말아 반찬 하나 두고 대충 끼니를 때우며 푸대접한다.

이제는 엄마 자신을 손님처럼 귀하게 대접해보자. 이렇게 스스로에게 이야기하면서 말이다.

“실수해도 괜찮아, 나도 엄마는 처음 해보는 거니까.”

“다음에는 더 잘할 수 있을 거야.”

“나는 내가 정말 자랑스러워”

“내가 해낼 줄 알았어.”

자신을 사랑할 수 없다면 모든 것은 무의미하다. 자신을 사랑할 줄 모르는 사람이 다른 사람을 사랑할 수는 없는 일이며 그 다른 사람이 자신의 아이라고 해도 달라질 것은 없다. 다시 말해, 자신을 사랑할 수 있는 사람이 자신의 아이도 진정으로 사랑할 수 있는 것이다. 사랑해본 사람이 사랑을 줄 수도 있는 것처럼 말이다.

먼저 엄마 자신을 사랑하자. 그것은 자신만을 아는 이기적인 사랑과는 다른 것이다. 남에게만 착한 것에서 벗어나 나에게도 착한 사람이 되어보자. 나에게도 관대하고 착한 사람이 되어 그렇게 나를 이해해주고 용서해 주자는 것이다.

다시 한 번 말한다. 자녀를 진정으로 사랑할 수 있으려면 나를 먼저 사랑하는 것이 우선이다. 그렇게 자존감 높은 엄마가 되자.

지금 이 순간, 아이들을 잘 가르치기 전에 자신의 가치를 인정하고

자신을 사랑하는 것이 먼저임을 알게 된 당신! 좋은 엄마가 된 것을
축하한다.

일기와 체험학습 보고서를 모아 스토리 스펙을 만들어라

우연히 보게 된 신문에서 기사 제목 하나가 눈에 띄었다.
'외모-학력 이어 직장 따지는 소개팅 앱'

어떤 내용인가 싶어 살펴보니 개인의 외모, 출신 대학 등을 어필해 이성과의 만남을 주선하는 일명 '소개팅 애플리케이션(앱)'이 활성화되고 있는 가운데 대기업 직원만을 대상으로 하는 앱까지도 등장했다는 것이다. 외모, 학력도 모자라 상대방의 직장까지 보는 '스펙 만능주의' 시대가 낳은 어두운 그림자라는 지적과 함께 익명이 가득한 온라인 공간에서 좀 더 정밀한 정보를 얻기 위한 욕구가 표출된 것이라는 엇갈린 분석들이 나와 있었다.

나 또한 결혼 적령기의 싱글 시절을 거쳐보았기에 그 심정을 조금은 알 수 있을 것 같다. 그래서 일정 부분은 좋은 이성을 만나기 위한 노력으로 충분히 볼 수 있다고 생각한다. 개인의 외모, 학벌, 직업 등 외적 스펙만을 강조하는 세태에 대한 우려가 있다고는 하지만 이 세태는 쉽게 변하지 않을 것을 안다. 그렇기 때문에 우리 엄마들은 우리 아이들을 다르게 키워야 함을 역설하고 싶다. 스펙만 강조하는 사회에서 스펙만 쌓는 아이들은 좀처럼 경쟁력을 갖기 힘들다. 그렇다면 어떻게 해야 할까?

이제는 우리 아이들에게 스토리 스펙을 준비시켜야 한다는 것이 그 질문에 대한 나의 답이다. 앞으로 우리 아이들이 살아갈 시대는 남들이 다 쌓는 외모, 학력, 직장 스펙으로 살아남기 힘들다. 우리 아이들에게는 새로운 무기, 즉 스토리 스펙이 필요하며 그것을 어릴 적부터 준비시키는 것이 중요하다. 여기서 한 가지 짚고 가고 싶은 것은 그러한 스토리 스펙은 일류대학에 입학하기 위해서 혹은 좋은 직장에 취업하기 위해서 준비해야 하는 것이 아니라는 것이다.

명문대 입학이나 대기업 입성을 위한 스토리 스펙은 기존의 학벌 스펙을 위한 것과 별반 다를 것이 없다. 스토리 스펙의 최종 지향점은 아이들이 하고 싶은 일을 하며 행복하게 살기 위함이라는 것을 꼭 잊지 않았으면 한다.

아이들이 살고 싶은 삶을 찾아가는 여정 속에 이 스토리 스펙이 매우 중요한 역할을 할 것이라 생각한다. 과연 스토리 스펙은 무엇이며 어떻게 준비해야 할까?

스토리 스펙은 말 그대로 아이들이 자라라는 과정에서 만들어지는 특색 있는 이야기 자체가 다른 사람들과 차별화될 수 있는 스펙을 말한다. 그 자신들만의 이야기들을 엮는 것, 그것이 스토리의 스펙을 준비하는 방법의 전부이다.

매년 학기 초가 되면 아이들에게 무제 공책 3권과 학습지나 다양한 활동지를 모을 수 있는 A4 사이즈의 파일, 미술작품을 모으는 B4 사이즈의 파일을 항상 준비하도록 했다. 요즘은 교육청에서 지원해주는 예산으로 대부분의 학습준비물을 학교에서 제공하고 있기 때문에 학생들이 특별히 준비할 것이 없다. 하지만 저 세 가지만큼은 돈을 주고서라도 준비해오라고 이야기한다. 물론 예전에 쓰던 파일이나 공책이어도 상관없다.

어찌 됐든 아이들에게 굳이 저 세 가지만큼은 돈을 주고서라도 준비해오라고 하는 이유는 모으는 습관을 기르도록 하기 위함이다. 일년 동안 교실 안에서 아이들이 하게 되는 활동들의 모든 결과물들을 공책들과 파일들 속에 모으고 정리하게 한 것이다. 그리고 이 모으는 습관은 바로 그 스토리 스펙을 만드는 데 있어 가장 기본적인 요소이다.

무제 공책의 세 권 중에 두 권만 우선 사용하게 되는데 그중 한 권이 바로 흔히들 이야기하는 일기장과 개념이 비슷한 작문공책으로 쓰인다. 그곳에 아이들의 글을 평소에 차곡차곡 모은다. 그렇게 한 해 동안 꾸준히 글을 적게 되면 아이들의 작문 공책은 한 권으로 끝나지 않는다.

　아이들이 쓰는 글뿐만 아니라 평소 수업시간에 하는 다양한 학습지, 독서 감상대회에서 썼던 독후감, 미술작품 등등 모을 수 있는 것들은 모두 파일에 정리하게 했다. 1년이 지나면 파일의 속지는 아이들의 다양한 학습 결과물로 꽉꽉 차게 된다. 오히려 속지가 모자랄 때가 많다. 그것들은 아이들의 역사가 된다.

　내 학급경영 방식을 여기서 길게 이야기하는 것은 가정에서도 이렇게 아이들의 일기장이나 체험학습 보고서와 같은 기록물들을 차곡차곡 모으고 수집하기를 바라는 마음에서이다. 아이들의 그런 기록물들은 먼 미래에 어떻게 쓰일지 모르는 귀중한 자산이 됨을 절대 잊지 않았으면 한다.

　그렇다면 가정에서 스토리 스펙을 만들 수 있는 구체적 방법에는 무엇이 있을까?

　첫째, 학교에서 쓴 모든 공책들은 절대 버리지 않는다.

　가끔 아이들이 공책을 다 쓸 경우, 그것을 신경 쓰지 않고 아무 데나 두는 경우가 비일비재하다. 일기장이든 학습장이든 학교에서 기록한 모든 공책들은 버리지 않고 모아두도록 한다. 일단 모아 둔 후에 한 학년이 마무리되면 학습장 같은 경우에는 선별해서, 일기장 같은 경우는 무조건 보관하도록 한다. 여러 권이 되었다면 그 여러 권을 서로 붙여서 겉표지를 깔끔하게 쌓아두도록 한다. 새롭게 깨끗한

표지로 단장한 공책들을 보면 아이들은 더욱 책임을 갖게 된다.

둘째, 체험학습을 한 후에는 특별한 체험학습 보고서를 만든다.

학교에 있다 보면 가장 안타까운 일 중에 하나가 바로 형식적인 체험학습 보고서를 받을 때이다. 아이들이 교외로 가족들과 체험학습을 다녀오는 것을 결석으로 처리하지 않게 되면서 행정적으로 간단한 보고서를 제출하게 되어 있는데 아이들로부터 받는 보고서가 참으로 다양하다. 아이들이 아닌 엄마가 대충 몇 줄 적어 보낸 보고서와 아이가 꼼꼼하게 사진도 붙이고 설명도 하며 자신이 체험한 내용을 정리한 보고서, 둘 중에 어떤 아이가 그 체험학습을 통해 더 많은 것을 배웠는지는 굳이 묻지 않아도 답할 수 있다.

학교에 제출하는 보고서는 그렇다 치더라도 꼭 이것만은 당부하고 싶다. 가족체험학습, 좀 더 간단하게 말하자면 가족 여행을 다녀온 후에는 꼭 그것에 관해 정성스럽게 기록해 두기를 바란다.

아이들의 일기장에 생생한 여행기를 남기는 것도 하나의 방법이지만 내가 제안하는 방법은 바로 가족 스크랩북이다. 가족이 모두 한 곳에 모여 인화한 여행 사진도 붙이고, 사진에 대한 설명을 적기도 한다. 가족들이 여행을 하면서 느꼈던 것들이나 생각, 소감 등을 적는다.

가위질도 하고 풀칠도 하고, 글도 쓰면서 말이다. 이 가족 스크랩북은 가족의 역사서가 됨과 동시에 아이들의 특별하면서도 살아 있는 두꺼운 체험학습 보고서가 되는 것이다.

그렇게 모은 것들의 모두가 아이들의 스토리 스펙이 된다. 그것이 언제 어디에 쓰일지는 아무도 모른다. 하지만 분명한 것은 아이들은 그렇게 모아진 스토리 스펙의 재료들을 바탕으로 자신의 미래를 좀 더 선명하고 구체적으로 그릴 수 있다는 것이다. 스토리 스펙을 준비한 아이들은 단순히 학벌 스펙만을 준비한 아이들에 비해 명확한 꿈을 가지게 되는 것이다. 그래서 학벌 스펙을 준비하는 남들과 다른 스토리 스펙으로 자신을 세상에 더 뚜렷하게 드러낼 수 있다.

아이들이 살아온 스토리는 한순간에 만들어지지 않는다. 아이들이 지금까지 살아온 역사를 보여주고 말해줄 수 있는 수집된 기록물은 그 스토리의 처음, 중간, 끝을 맛깔스럽게 만들어 내는 귀중한 재료들이 될 수 있다. 그러한 재료들이 없을 경우에는 허무맹랑하게 들리는 스토리의 끝만을 들려주는 것과 같은 꼴이 된다. 지금부터 모으고 또 모으자. 아이들의 스토리 스펙의 재료들을. 지금은 아무리 하찮아 보이는 것들이라도 먼 미래에 결정적인 무언가가 될 수 있음을 명심하자.

지적 호기심을 자극하는 경험을 하게 하라

5학년을 맡아서 가르치던 해의 일이었다. 학기 초 학부모 상담
에서 승연 엄마는 5월 초부터 한 달간 온 가족이 유럽여행을
떠나는 체험학습을 계획하고 있다며, 미리 양해를 구하고 싶다고 말
했다. 항상 가족 체험학습은 사전에 체험학습 신청서를 내고 다녀온
후에 보고서를 제출하게 되어 있다. 그럴 경우 일주일이라는 기간 한
에서는 결석으로 처리가 되지 않지만 그 이상일 경우는 결석처리가
된다. 승연 엄마는 수업 결손이 다소 우려되지만 아이들에게 좀 더
넓은 세상을 보여주고 싶어 유럽으로 학회를 떠나는 남편의 일정을
가족이 모두 함께하기로 했다고 했다.

　여기까지만 보면 '있는 집이라 다르네. 아빠 학회 일정을 따라 유
럽까지 가고.' 혹은 '돈만 있으면 나도 아이들 데리고 어디든 갈 수 있

지. 그거 누가 못 하나.' 이런 반응을 보일 수도 있다. 일정 부분 맞는 말이다. 돈만 있으면 유럽이든 미국이든 갈 수 있다. 하지만 아이들에게 어떤 방법으로 어떤 경험을 하게 하느냐에 따라 그 경험의 결과물은 크게 달라진다. 같은 경험이지만 어떻게 경험하게 하느냐에 따라 얼마나 놀라운 결과를 낳을 수 있는지, 승연이네 가족의 유럽 여행 일화를 통해 이야기하고자 한다.

승연 엄마는 유럽여행을 떠나기 몇 달 전부터 준비를 시작했다. 가이드 없이 현지인 민박이나 호스텔, 호텔 등을 고르게 이용해서 자유 배낭여행을 하기로 했던 터라 준비할 것이 많았다. 제일 먼저 승연 엄마는 역할을 분배했다. 숙소 예약을 자신이 맡기로 한 대신 승연 아빠와 아이들은 가기로 한 나라와 도시, 그리고 그 도시의 명소에 대해 인터넷과 책으로 조사해서 정리하기로 했다. 그리고 방문하기로 한 나라나 도시에 관한 영화가 있으면 미리 찾아서 그것을 감상하는 시간도 가졌다고 한다. 그러한 것들을 모두 기록하게 해두었고, 그것은 승연이네 가족만의 가이드북, 여행책자가 되었다.

승연이는 여행을 가기 전에 미리 책과 인터넷을 통해 그곳을 다녀오게 되는 경험을 한다. 원하는 정보를 찾기 위해 책을 들춰보고, 인터넷 검색을 하면서 승연이는 가게 될 여행지에 대한 호기심을 더욱 키웠다. 그리고 비행기를 타고 떠나기도 전에 그곳의 역사와 언어, 문화 등 다양한 지식을 얻었다. 진짜 비행기를 타고 유럽으로 가서 여행을 시작하면서 승연이가 하게 된 경험들은 또 얼마나 많은 것을 배우게 했을까? 가끔 승연이가 보내오던 유럽을 배경으로 한 사진 속에서 다 느낄 수 있었다. 승연의 표정이 그 질문의 대답을 대신해 주고 있었던 것이다.

아이는 여행에서 얻은 값진 경험들을 일기장에 기록했고, 학교에 돌아와 그것을 내게 보여주었다. 읽는 내내 내 입가에는 미소가 번졌다. 그 시간 속에서 승연이가 얼마나 많이 성장했을지 상상이 저절로 되니 미소 짓지 않을 수 없었다.

승연이가 사전에 아무런 준비 없이 그냥 단지 정해진 날짜가 다가와서 그날에 비행기를 타고 유럽으로 떠났다면 어땠을까? '지즉위진간(知則爲眞看)'이라는 말이 있다. '알아야 참으로 보게 된다.'라는 뜻이다. 찬란한 역사 속, 유서 깊은 건축물을 보았다고 하더라도 그 의미를 알지 못하면 단지 건축물의 크기나 모양을 보고 짧게 감탄하는 것에 그칠 것이다. 하지만 그 건축물 속에 담긴 이야기들을 이미 알고 보았다면, 얼마나 다른 의미로 와 닿을지 우리는 예상할 수 있다. 책에서만 보던 그림을 실제로 가서 보러 갔다고 하자. 한껏 자극된 지적 호기심이 가득 찬 눈빛으로 그 그림을 보았을 아이의 모습이 저절로 그려진다.

이렇듯 경험을 하더라도 제대로 하게 해야 한다. 같은 경험을 하더라도 어떻게 했느냐에 따라서 달라질 수 있다.

단순한 경험이 아닌 지적 호기심을 자극하는 경험을 하게 하기 위해서는 어떻게 해야 할까?

　첫째, 체험을 위한 경험을 하기 전에는 꼭 책과 인터넷 등을 활용한 간접 경험을 먼저 하게 하자. 앞서 승연이네 가족의 예에서도 보았듯이 체험을 하기 위해 사전에 준비하는 과정 속에서 아이들을 이미 많은 경험을 하게 된다. 그 속에서 아이들은 더 관심이 가는 것을 찾아 낼 수 있고, 호기심을 갖게 되는 대상을 찾게 된다. 박물관을 견학하기 전이든 미술관을 관람하기 전이든 어떤 경우라도 좋다. 직접 체험 활동을 하기 전에 꼭 사전에 책이나 신문기사, 인터넷 등을 통한 사전 조사 과정을 꼭 거치도록 하자. 그 과정을 거친 후에 아이들이 경험을 하게 된다면, 예상했던 것보다 그 속에서 더 많은 것을 얻을 수 있다.

　둘째, 자연으로 떠나자! 자연은 호기심의 천국이자 최고의 경험을 하게 하는 곳임을 기억하라. 자연만큼 아이들의 지적 호기심을 자극하는 장소는 없다. 자연과 자연스럽게 가까이 지내면 지낼수록 아이들은 그 속에서 많은 것을 배울 수 있다. 가까운 동네 산이든 들이든 어디든 좋다. 자연과 함께 하는 시간을 최대한 많이 만들자.
　요즘 가족단위로 캠핑을 떠나는 모습을 흔하게 볼 수 있다. 캠핑을 떠나 자연 속에서 시간을 보낸다는 것은 우리 아이들에게 다양한 경험을 할 수 있는 좋은 기회이다. 그러나 그 공기 좋고 물 좋은 자연 속에서 많은 아이들이 캠핑용 의자에 앉아서 열중하는 것이 스마트폰 게임이라는 것을 알았을 때 몹시 안타까웠다. 생생하게 살아 있는 자연 학습의 장에서 고작 그 스마트폰에 눈과 귀를 빼앗긴다는 것은 아이들에게 엄청난 손실이다. 몇 걸음만 떼어도 살아 움직이는 곤충을 관찰할 수 있고, 흔히 볼 수 없는 야생화들도 만날 수 있는데 말이다.

실제로 한 방송에서 일본 귀족학교의 자제들만을 가르친 한 교사가 소개되었는데, 그의 수업은 모두 자연을 탐구하는 것에서 시작되었다. 온통 관찰할 것들로 가득한 자연 속에서 나뭇잎으로 바람개비도 만들어 보고, 돌멩이 틈 사이에 낀 이끼들도 관찰한다. 그 속에서 아이들은 자연의 신비로움과 생명의 소중함을 더불어 배울 수 있고, 호기심에 찬 눈빛으로 공부하게 된다고 했다. 이렇듯 자연은 아이들에게 있어 최고의 놀이터이자, 학습공간이 될 수 있다.

셋째, '왜?'라는 질문을 주고받는 경험을 하게 하자. 부모가 꼭 아이의 질문에 대답을 정확히 해줄 필요도 없다. 예를 들어 동물원에 간 아이가 호랑이를 유심히 관찰하는 경험을 했다고 하자. 아이가 이렇게 묻는다.

"호랑이는 왜 저렇게 소리를 내요?"

갑작스러운 질문에 부모는 당황스러워 뭐라고 대답해야 할지 망설인다. 이럴 때는 이렇게 대답하면 된다.

"그러게, 왜 호랑이는 저렇게 소리를 내는 걸까? 엄마랑 같이 꼭 답을 찾아보자.”

스마트 폰을 켜서 검색을 해도 좋고, 집에 와서 책이나 인터넷을 통해 답을 찾는 것도 좋다. 여기서 말하고 싶은 것은 아이의 질문을 무시하지 않고 존중하는 느낌을 주면 충분하다는 것이다.

아이가 어떤 경험을 했을 때, 그 속에서 끊임없이 ‘왜?’라는 질문이 나온다면 아이는 매우 의미 있는 경험을 하게 된 것이다. 만약 아이가 질문이 없다면 엄마가 먼저 ‘왜 그럴까?’ 하고 묻는 것도 좋은 방법이다. 아이의 사고를 확장시켜주는 것은 단순히 경험해 보는 것이 아닌 왜 그럴까 질문을 던져보는 것에서 시작된다는 것을 꼭 잊지 않았으면 한다.

경험은 마르지 않는 자양분이다. 아이들에게 다양한 경험을 하게 하는 것은 성장의 거름을 치는 것과 같다. 하지만 단순히 해외로 여행을 많이 다니고, 각종 비싼 캠프에 참여하는 것만이 좋은 경험이 될 수 없다. 아이들의 지적인 호기심을 자극하고 사고를 확장시키는 제대로 된 경험을 하기 위해서 필요한 것은 많은 돈이 아니라 정성이라는 것을 잊지 않았으면 한다. 그리고 그 경험 속에서 아이와 엄마가 주고받는 상호작용이 매우 중요하다는 것도 잊지 말자. 값비싼 유럽여행을 떠나지 못한다고 주눅 들거나 아이들에게 미안해할 필요 없다. 경험은 어디로가 아니라 어떻게 하느냐가 더 중요하기 때문이다.

아이의 강점을 찾아 '최소노력의 법칙'을 가르쳐라

한 교실에는 다양한 아이들이 모여 있다. 난 가끔 아이들을 볼 때면 일곱 색깔 무지개를 떠올린다. 각각의 개성이 다양한 아이들은 무지개를 닮았다. 아이들의 개성이 바로 그 색깔인 것이다. 그런데 단순히 무지개의 빨강, 주황, 노랑, 초록, 파랑, 남색, 보라라는 이 일곱 색깔만을 말하는 것이 아니다. 빨강에서 주황으로 변해가는 길에 있는 무수히 많은 색들, 그리고 주황에서 노랑으로 변해가는 길에 있는 또 무수히 많은 색들 그렇게 남색에서 보라로 변해가는 길의 무수히 많은 색들까지 얼마나 많은 색들이 있을까? 그 색들 하나하나는 같을 수 없고, 그 색들은 우리 아이들을 닮았다.

그 색은 우리 아이들을 드러내는 가장 특징적인 무언가가 될 수 있다. 나는 그것을 아이의 강점이라고 말하고 싶다. '우리 아이는 이런 강점이 있어.'라고 자신 있게 말할 수 있다면 그 엄마는 아이만의 분명한 색깔을 알고 있다는 말과 같다. 그렇다면 이미 반은 성공한 것이다. 무엇보다도 아이의 강점을 찾는 일이 아이가 성공한 삶을 살게 되는 데 있어 매우 아니 가장 중요한 일이기 때문이다.

얼마 전 '구글보다 요리였어'를 책으로 펴낸 안주원 씨의 이야기를 잠시 할까 한다. 미국의 명문 코넬 대에서 산업디자인을 전공한 그녀는 2008년 구글 코리아에 입사해 '구글러'가 됐다. 하지만 2년 6개월 뒤 그녀는 요리 공부를 위해 구글을 퇴사했다. 처음에는 좋은 직장에 다닌다는 자부심으로 행복했지만, 시간이 갈수록 회사 생활에서는 채워지지 않는 부분이 있었다고 한다. 또 많은 이들이 목표로 하고 자신 또한 가고 싶어 했던 그곳에서 매일 지독한 무료함과 열등감에 시달렸다고 한다.

왜 그랬을까? 그녀는 스스로 번듯한 학교와 직장에 들어가야 한다는 강박관념을 가지고 있었다고 한다. 학창시절부터 해야 할 것 같은 일과 하고 싶은 일 사이에서 헤매며 그녀는 진정 자신이 원하는 것이 무엇인지도 모른 채 남들이 말하는 신의 직장이라고 불리는 그 직장을 맹목적으로 선택했던 것이다.

요리의 대가였던 증조할머니와 미식가였던 아버지가 계신 집안에서 자란 그녀는 결국 막연하게 관심을 가지고 있던 요리를 뒤늦게 시작하게 되었다. 한 인터뷰에서 그녀는 이렇게 말했다. 행복의 단서는 내가 무엇을 할 때 즐겁고, 무엇을 잘할 수 있는지를 아는 것에서 찾을 수 있다고.

이렇듯 남들이 다 선망하는 명문대, 신의 직장을 다녔지만 자신이 하고 싶은 일이 아니라면 다시 말해 자신의 색깔이 드러나는 일이 아니라면, 행복하지 않을 수 있다. 우리 엄마들은 이 점을 새겨둘 필요가 있다. 그녀가 말한 것처럼, 우리 엄마들은 우리 아이가 무엇을 할 때 즐거워하는지, 무엇을 잘할 수 있는지를 일찍부터 찾게 해줬으면 좋겠다. 아이들의 행복한 삶을 위해서 말이다.

우리 아이가 잘했으면 하는 엄마의 바람이 담긴 것이 아닌 아이가 정말 잘하는 것을 찾기 위해서는 어떻게 해야 할까? 그 질문의 대답은 세 가지이다. 관찰하고 또 관찰하라는 것과 대화하고 또 대화하라는 것이다. 마지막으로 기다리고 또 기다리라는 것이다.

아이가 무엇을 할 때 눈빛이 달라지는지, 더 자세히 말하자면 열의에 찬 눈빛으로 바뀌는지 엄마는 그 순간을 포착해야 한다. 하지만 이것이 말처럼 쉬운 일이 아니라는 것을 안다. 아이가 무엇인가를 할 때마다 계속 밀착 관찰을 하는 것이 쉽지 않다는 것은 사실이지만, 실제로 다중지능검사를 할 때는 이렇게 아이들을 심층적으로 관찰하는 것에서부터 시작한다.

관찰의 한계와 어려움을 극복하기 위해서 끊임없이 대화를 하기를 조언한다. 대화가 잘 통하는 집안에서 자란 아이들이 학교에서 통하고 세상에서 통하는 아이로 크게 되는 이유는 바로 그 대화를 통해서 자신의 생각을 표현해낼 수 있기 때문이다. 자신의 생각을 밖으로 표출할 수 있다면 그것을 통해 엄마는 아이가 무엇을 좋아하고 무엇을 하면 행복해하는지 발견할 수 있다.

마지막으로 기다리고 또 기다려야 한다.

문용린은 '행복한 성장의 조건'에서 '사람은 누구나 발달된 강점지능이 다르며, 각각 뛰어난 지능이 있더라도 그것이 나타나는 시기나 속도에 차이가 난다.'고 했다. 때문에 강점 지능을 하나로 규정하거나 섣불리 판단해서는 안 되며 엄마는 아이가 진정으로 원하는 것, 진정으로 재능이 있는 것을 찾을 때까지 기다려야 하는 것이다.

자신의 강점을 찾았다면 이제는 힘들이지 않고 그것을 자연스럽게 즐기도록 하게 하면 된다. 이것이 '최소노력의 법칙'이다. 힘들게 아이의 강점을 찾았는데 이제부터 그것을 계발시키기 위해 더 애써야 하는 것 아니냐고 반문할 수 있다. 하지만 이것은 우리가 오래전부터 고정관념으로 가지고 있던 잘못된 직업윤리에서 나온 것이다. '더 많이 일할수록 더 많이 보상받는다.'는 그 잘못된 직업윤리에 익숙해진 우리는 자연스레 어떤 일을 이루기 위해서는 힘들고 고된 과정을 거쳐야 성공할 수 있다고 생각한다. 하지만 자신의 강점을 바탕으로 무언가를 할 때는 그럴 필요가 전혀 없다.

디팩 초프라의 '성공을 부르는 일곱 가지 영적 법칙'이라는 책을 보면 이 최소노력의 법칙에 관한 이야기가 있다. 사람들이 각자 가지고 있는 본성, 즉 그 각자에게 자연스러운 것을 따를 대 '최소 노력의 법칙'이 저절로 발휘된다는 것이다. 여기서 '본성'과 '자연스러운 것'이라는 말은 바로 아이들의 강점과 일맥상통한다. 그의 또 다른 책 ‘부모 수업’을 보면 다음과 같은 글이 나온다.

‘인간의 진보는 언제나 생각이나 영감 욕구에서 출발한다. 이것은 저절로 생겨나는 것이지 엄청난 노력을 기울여서 만들어내는 게 아니다. 영감이나 욕구, 아이디어를 모두 억지로 짜낼 수는 없는 노릇이다.’

이렇듯 흘러가는 대로 따르는 일은 사실 아이들에게는 매우 자연스러운 일이다. 어린아이들은 본능적으로 자신이 원하는 것에 손을 뻗치고, 하고 싶은 말을 하고, 그때그때 일어나는 감정을 표현하기 때문이다.

아이들은 일이 아니라 놀이로 삶을 사는 것이다. 그러나 커가면서 아이들은 어른들이 만들어낸 잘못된 관념들로 그 자연스런 방식을 잃어가게 된다. 자신의 강점을 바탕으로 재미나게 즐겁게 갈 수 있는 일들을 힘들고 어려운 일로 여기게 하여 결국 포기하게도 만든다. 이제는 엄마가 앞장서서 아이들이 이미 온몸으로 알고 있는 선천적이고 천부적인 능력인 ‘최소노력의 법칙’을 잃지 않도록 지켜주자. 그리고 이미 잃어버렸다면 다시 가르쳐주자. 자신이 잘하는 것은 놀이하듯 자연스럽게 즐기라고 말이다.

단순히 그것을 즐기라고 말로만 하기에는 뭔가 부족한 느낌이다. 여기서 한 가지 구체적 방법을 제시하면 바로 아이가 좋아하고 관심 갖고 있는 그 분야의 ‘멘토’를 만나게 해주는 기회를 갖게 하라는 것이다.

　자신이 좋아하는 일이나 공부에 최소 노력을 기울이면서도 더 빠르게 성장하기 위해서는 아이가 강점을 가진 분야에서 이미 성공을 거둔 '멘토'를 아이에게 만나게 해주는 것이 크게 도움이 된다. 아이가 꿈꾸고 있는 직업이나 전문 분야에 종사하고 있는 인물들을 조사해서 그 사람을 직접 만나게 해주는 기회를 아이가 갖게 해주는 것이다. 어렵지 않다. 인터넷으로 인물 검색을 통해서 아이가 멘토로 삼고 싶어 하는 사람의 이메일 주소나 개인 홈페이지 주소의 정보를 얻자. 꼭 직접 만나지 못하더라도 아이에게 이메일이나 홈페이지 게시판으로 멘토와 대화할 수 있는 기회를 갖게 하자. 그런 기회를 통해 아이는 자신이 잘할 수 있을 더 빠르고 즐겁게 해 나갈 수 있는 힘을 얻게 될 것이다. 그 기회는 아이의 능력을 키울 수 있는 증폭제가 되어줄 것이다.

　공자도 논어 제6편 옹야(雍也)편에서 "아는 것은 좋아하는 것만 같지 못하고, 좋아하는 것은 즐기는 것만 같지 못하다.(子曰 知之者 不如好之者 好之者 不如樂之者)"고 했다. 아이들이 자신들의 강점을 찾았다면, 그것을 놀이처럼 즐기게 두자. 최소한의 노력만 하게 두자. 그 최소한의 노력을 기울이는 과정에서 인생의 '멘토'를 만나게 해주자. 그렇다면 아이들은 자연스럽게 그 '최소노력의 법칙'으로 최대의 성장을 이뤄낼 것이다.

문제집 대신 아이의 교과서를 먼저 살펴보아라

내가 어릴 적에는 대학입학 시험에서 전국 1등을 한 학생들을 인터뷰하는 장면을 자주 볼 수 있었다. 자세히는 기억나지 않지만 그들을 늘 비슷한 말을 했던 것 같다.

"과외를 받거나 학원을 다니지 않았습니다. 교과서 중심으로 공부했습니다."

이 말은 매년 빠지지 않고 등장했던 것 같다. 하지만 그 말을 믿는 사람은 그 순간 바로 순진한 사람이 되고 만다. 대부분의 사람들은 그 말에 코웃음을 치며 새빨간 거짓말이라고 여겼다. 그런데 나 또한 지금 이와 같은 말을 하고자 한다. 이번만큼은 이 말에 귀 기울이는 엄마들이 많이 있었으면 좋겠다.

학습지나 문제집을 풀기 전에 먼저 아이의 교과서를 살펴보기를 바란다. 내가 늘 아이들에게 하는 말이 교과서가 기본이라는 것이다. 단원평가나 학교 시험에서 나오는 문제의 모든 답이 교과서에 있다고 말한다. 어쩌면 초등학교에서나 가능한 일이라고 말할 수 있을 수 있다. 중고등학교에 진학하면 상황이 다르다고 반박할 수도 있다. 일정부분 이해가 간다. 과거에 비해 고입과 대입에서 내신의 중요성이 커지고 있고 이런 상황에서 일부 학교에서는 상위권 학생들의 변별력을 위해서인지 내신 시험에 '틀리기를 바라고 내는 게 아닐까' 싶을 정도로 난이도 높은 문제를 내기도 한다고 하니까 말이다.

상황이 이렇다고 하니 그런 반응이 아주 납득이 안 되는 것은 아니다. 하지만 그 난이도 높은 문제를 풀기 위해서도 가장 기본적인 지식이 바탕에 깔려 있어야 한다. 기본 지식이 필요하다는 말이다. 그 기본적인 지식은 모두 교과서 안에 담겨 있다. 교과서는 기본 중의 기본이며 상위 단계의 문제를 푸는 데 있어 바탕이 되어주는 중요한 배경지식의 집합체라고 할 수 있다.

특히 공부그릇을 키우는 시기인 초등학생일 때는 교과서는 그 어떤 다른 것보다도 훌륭한 교재이다. 학습지나 문제집을 풀기 전에 교과서를 살펴보라는 이유를 좀 더 자세히 들여다 보자.

우선, 교과서는 현행 교육과정의 특징을 고스란히 담고 있는 살아 있는 교육과정이다. 이 글을 읽고 있는 엄마들 중에 아이가 지금 배우고 있는 교육과정이 몇 차인지, 몇 년도 개정교육과정인지 대답할 수 있는 사람이 있다면 박수를 쳐 주고 싶다. 빈번하게 바뀌고 있는 교육과정을 매번 파악하기 쉽지 않은 일이기 때문이다. 실제로 초등학교에서도 보면 현재는 모두 2009 개정 교육과정이 시행되고 있지만 과거에는 학년마다 혹은 학년 군마다 각기 다른 교육과정이 시행되기도 했다.

이러한 교육과정을 반영하는 교재가 교과서이다. 교과서를 꼼꼼하게 살펴보면, 아이가 현재 공부하는 내용이 어떤 시대적 흐름을 반영하는 것인지, 어떤 교육적 목적과 관점에서 나온 것인지 파악할 수 있다.

예를 들면 초등학교에서는 2009년 개정안 교육과정을 바탕으로 2013년부터 스토리텔링 수학이 도입되었다. 수학교과서의 문제들은 단원의 도입부터 하나의 이야기로 시작되어 단원이 끝날 때까지 그 이야기가 계속 연결되게 된다. 그 이야기 속에 등장하는 문제들을 하나씩 풀어나가다 보면 결국 그 단원과 그 수업차시에서 달성하고자 하는 학습목표를 도달하게끔 되어 있다. 한마디로 글을 읽고 이해하는 독해력이 바탕이 되어 있어야 수학문제를 푸는 것이 가능한 일이다. 그런데 이러한 이해 없이 무조건 아이의 수학 실력을 높인다고 반복적이고 기계적으로 학습지나 문제집을 풀게 한다면 아이는 어떻게 될까? 수학에 질려서 일명 수포자, 수학을 포기하는 아이로 접어들 것이다.

스토리텔링이 도입되면서 이와 관련된 학원도 많이 들어선 것으로 알고 있지만, 사실 꾸준한 독서로 독해력을 갖춘 아이들은 딱히 변화된 교육과정의 수학이 크게 다르게 느껴지지 않을 수 있다. 문제는 독해력이 없는 아이들이다. 독해력이 없어서 수학문제를 힘들어하는 아이에게 무조건 수학문제를 많이 풀게 하는 것이 그 해결 방법이 될 수 없다. 이때는 독해력을 기를 수 있는 방법을 찾는 것이 더 효과적이다. 만약 교과서를 살피지 않고, 무턱대고 학습지와 문제집만을 풀게 했다면 우리 아이는 왜 공부를 하는데도 결과가 좋지 않을까만 연발하게 되는 상황이 벌어지는 것이다.

교과서가 중요한 두 번째 이유는 앞에서도 언급했지만 다양한 읽을거리들이 교과서 안에 풍부하다는 것이다. 어떤 과목을 막론하고 교과서 안에 있는 지문은 아이들의 배경지식을 넓히는 양질의 자료들이다. 과거에 비해 요즘은 교과서를 유연하게 활용하도록 권하고 있다. 아이들에게 활동을 선택하도록 하는 경우도 있고, 보충 교과서를 두어서 교과목을 더욱 깊이 있게 활용할 수 있도록 제작되었다.

국어 과목일 경우 국어활동이라는 보충 교과서를 두었는데, 그 안에는 국어 교과서보다 더 다양한 문학 작품과 지문들이 가득하다. 또한 국어 문법이나 맞춤법 등 국어 지식에 관한 자료들도 포함되어 있고, 글씨를 연습할 수 있는 부분들도 있다. 국어 교과서를 통해 배운 내용을 점검하고 응용할 수 있도록 만들어진 보충 심화 자료집이나 마찬가지다.

국어 과목뿐 아니라 다양한 과목의 교과서들은 아이들의 배경지식을 넓힐 수 있는 얇은 백과사전과 같다. 때로는 교과서의 설명이 부족하다고 느낄 수도 있다. 그럴 때는 그것과 관련된 다른 자료를 찾아보는 것도 확산적 공부 방법 중 하나이다. 교과서를 바탕으로 더욱 심층적인 지식을 탐구하는 것은 사고의 폭을 넓고 깊게 만드는 좋은 작업이다.

학습지보다 교과서를 먼저 살피는 것이 왜 중요한지 인식했다면 본격적으로 교과서를 어떻게 살펴보고 활용해야 하는지 알아보자.

첫째, 겉표지부터 차례 목차 등등 구석구석 다 살펴보도록 한다.

학기 초 본격적인 수업이 시작되면 나는 항상 교과서의 처음부터 끝까지 살피는 것부터 가르쳤다. 반복적으로 나오는 작은 삽화가 무엇을 의미지하는 것까지도 알아두게 했고, 교과서 앞부분에 어떻게 교과서를 활용해야 하는지 설명되어 있는 부분을 꼼꼼하게 확인시켰다. 이렇게 하는 이유는 아이들이 교과서를 보는 눈을 길러주기 위함이었다. 그냥 기계적으로 따라가는 수업이 아니라 아이들이 주도성을 갖고 교과서를 활용하기를 바라는 마음에서였다. 이는 엄마들에게도 똑같이 적용될 수 있다. 엄마가 교과서에 대해 잘 파악하고 있으면 아이가 학교에서 배우는 내용에 대해 어느 정도 '감'을 익힐 수 있다. 이 '감'은 아이가 공부를 하는 데 있어 핵심을 찌를 수 있는 눈을 가지도록 도울 수 있다. 교과서를 전체적으로 꼼꼼하게 살펴보다 보면 그러한 감이 생기게 되는 것이다.

둘째, 교과서를 통해 아이의 학교생활과 학습 상태를 파악한다. 그러나 여기서 한 가지 주의할 점은 교과서에 담긴 모든 문제들에 답이 달려 있어야 한다는 강박관념에서 벗어나야 한다는 것이다. 아이의 교과서를 살필 때마다 "왜 이건 답이 없어? 수업시간에 딴 짓하고 논 것 아니야?" 하고 묻는 엄마라면 오히려 교과서를 덮어 두는 게 나을지 모른다.

교과서 안에는 상당한 양의 문제들이 들어가 있다. 나를 포함한 많은 교사들이 교과서에 답 달다가 시간 다 간다는 말을 할 정도로 교과서에는 많은 양의 문제가 있다. 때로는 아이들의 발표를 통해 답을 확인하거나 혹은 지문에서 답을 찾아 표시를 해두게 할 때도 있다.

모든 문제에 답이 달려야 한다는 고정관념을 버리고 교과서를 살펴보도록 하자. 문제에 답란이 비어 있다면 엄마가 그 문제를 아이에게 다시금 물을 수도 있다. 아이가 대답을 곧잘 한다면 아이는 제대로 배운 것이다. 대신 수학이나 과학 과목처럼 정해진 논리와 답이 있는 문제라면 아이가 몰라서 못 푼 것인지 정확히 확인해 둘 필요가 있다. 그것만큼 아이의 현재 상태를 파악하기 좋은 자료가 없다. 몰라서 비어 있는 것인지, 알지만 굳이 적을 필요가 없는 답인지를 고려해 가며 살펴보도록 하는 지혜가 엄마에게 필요하다.

아이들에게 항상 강조하는 것이 교과서를 완전히 이해하고 머릿속에 정리를 한 후에 그것을 점검하기 위해 학습지나 문제집을 풀라고 하는 것이다. 꼭 시험을 위해서가 아니더라도 모든 공부의 기본은 교과서에서 시작된다. 엄마가 교과서를 살피는 일은 짧은 시간 안에 아이의 학교생활과 학습 상태를 파악할 수 있는 방법이다. 그것을 활용하여 아이가 부족한 부분을 확인하고 그것을 어떻게 보충할 것인지 대안을 생각하자. 무턱대고 학습지나 문제집을 많이 푼다고 좋은 것이 아님을 알아야 한다. 전국 1등의 뻔한 그 인터뷰 속에 등장한 "교과서 중심으로 공부했어요."는 시대를 넘나드는 최고의 공부 비법이었음을 기억해 둘 필요가 있다.

몰입독서로 집중력과 사고력을 길러라

'인간은 언제 가장 행복한가?'를 두고 평생을 연구한 미하이 칙센트마히이는 '몰입의 즐거움(Finding Flow)'이라는 책에서 몰입에 대해 다음과 같이 말한다.

'사람들이 어떤 일에 깊이 몰입해서 자시 자신에 대한 자각이 없어지는 상태를 '플로(flow)'라 부르고, 이 플로 상태가 행복과 성취를 가지고 온다.'

다시 말해 몰입은 자기 자신을 잃을 정도로 정신을 어떤 한 곳에 집중하는 상태를 말하며 한 마디로 무아지경 상태에 이르게 하는 힘을 지녔다.

가끔 엄마들은 자신들이 부르는 소리도 듣지 못하고 뭔가에 푹 빠져 있는 아이의 모습을 마주칠 때가 있다. 그때가 바로 몰입이 된 상태이다. 몰입이 되면 아이는 주변의 어떤 자극에도 반응하지 못한다. 그러한 몰입이 일어나는 상황은 주로 언제인지 생각해보자. 우리 아이는 언제 몰입을 경험하게 되는가? 각각의 경우는 다 다르지만 공통점이 있다. 바로 아이들이 좋아하는 일을 할 때 몰입을 경험한다는 것이다.

독서교육은 요즘 엄마들의 최대 관심사 중의 하나이다. 많은 엄마들은 아이가 책에 푹 빠져 지내기를 바란다. 다시 말해 아이가 몰입독서를 하기를 바라는 것이다. 단언컨대 몰입독서는 아이의 공부 그릇을 키우는 데 가장 최고의 방법이다. 몰입독서 습관이 몸에 밴 아이들은 학년이 오를수록 학교 성적은 물론이며, 많은 것에서 두각을 드러낼 수 있는 저력을 갖추게 된다.

책 속에 담김 풍부한 지식을 바탕으로 자신의 경험이 더해진 아이들은 지혜로 무장하게 된다. 그것은 단순히 대학 입시를 잘 치르는 수준이 아니라 아이들의 꿈을 이루도록 이끄는 마스터키를 지니게 되는 것과 같은 것이다.

그 마스터키인 몰입독서 습관은 어떻게 하면 기를 수 있을까? 앞에서도 말했지만 몰입은 자신이 좋아하는 일을 할 때 경험하게 된다. 결국 아이가 책을 좋아하게 하는 것이 먼저라는 소리이다. 몰입독서의 시작은 아이가 책을 좋아하게끔 만드는 것에서 시작한다.

엄마라면 누구나 책을 좋아하는 아이로 키우고 싶은 마음일 것이다. 아이가 책과 사랑에 빠지게 하기 위해서는 다음을 기억하자.

첫째, 책을 놀이도구로 삼아라!

책을 장난감처럼 가지고 놀게 하도록 하는 것이다. 요즘은 아주 어린 나이일 때부터 책을 읽어주는 엄마들이 늘어나고 있다. 어린 나이부터 책을 읽어주는 것 자체가 나쁜 것은 아니다. 문제는 아이와의 상호작용이나 정서적 교감이 없이 무미건조하게 이루어지는 책 읽기이다. 책 읽기는 학습이 아닌 놀이로 접근해야 한다. 인지 독서가 아닌 정서 독서가 되어야 하는 것이다.

구강기의 아기에게 책을 쥐어주면 물고 빨고 뜯으며 책을 탐색하기 시작한다. 이때 책이 망가지는 것을 두려워해서는 안 된다. 자연스럽게 책과 친해지게 두자. 그런 다음에는 책을 가지고 놀게 두자. 책을 쌓아두고 그 책을 가지고 집짓기 놀이를 하거나 도미노 놀이도 하는 것은 책을 가지고 놀 수 있는 좋은 방법들이다. 그렇게 놀다가 아이가 관심을 보이는 책을 골라 그 자리에서 읽어주면 된다. 놀다가 책을 읽어주게 되면 아이는 기분이 좋은 상태에서 듣게 됨으로 '책은 원래 재미있고 즐거운 것이구나.' 하고 인식하게 된다.

첫인상은 소개팅에서만 중요한 것이 아니다. 아이들이 책에 대해 갖는 첫인상도 매우 중요하다. 책이 공부의 연장선이라고 여기는 인지 독서를 피하자. 놀이로 시작하는 정서 독서로 아이가 책에 대한 좋은 인상을 가질 수 있도록 하는 것이 중요하다.

둘째, 책을 자주 노출시켜라!

요즘은 거실에 TV를 없애고 그 자리에 벽면형 책꽂이를 설치하는 가정들이 늘고 있다. 거실을 북 카페화시키는 집들이 늘고 있는데, 이러한 환경은 아이들에게 책을 읽을 수 있게 하는 최적의 장소가 된다. 그만큼 책에 노출되는 기회가 많아지기 때문이다. 거실을 북 카페화하는 것에 대해 가족의 양해를 구하기 힘들다면 집안 곳곳에 손길 발길이 닿는 곳에 책을 두도록 하는 것으로 대신할 수 있다. 그중에서도 화장실, 식탁, 침대 머리맡 이 세 공간에는 손닿기 쉬운 곳에 책을 두라고 권한다. 책을 마음먹고 읽으려고 앉는 공간이 아니라 자투리 시간에도 손쉽게 책을 접할 수 있는 공간에 책을 두는 것이다. 이렇게 책이 노출되는 공간이 많으면 많을수록 책을 읽는 기회가 그만큼 많아지게 되는 것이다. 집안에서의 아이의 동선을 살펴서 책을 곳곳에 두어 책에 노출되는 시간을 늘리는 것은 아이가 책을 친숙하게 여기고, 일상이 책 읽기가 되도록 하는 데 큰 도움이 된다.

셋째, 결핍으로 책을 읽고 싶은 마음을 최대한 자극시켜라!

학교에서 아이들을 가르칠 때면 학급 문고를 모으는 일에 심혈을 기울였다. 아이들이나 학부모로부터 기증을 받기도 했고, 좋은 양질의 도서를 사비로 사서 구비해 둔 적도 있다. 그런 후에는 아이들에게 학급 문고를 바로 공개하지 않았다. 학급문고를 천으로 덮어두거나 흰 전지로 가려서 아이들의 호기심을 자극했다. 그러면 책을 별로 좋아하지 않던 아이들도 그 안에 어떤 책이 들어 있을지를 상상하며 궁금해했다. 한마디로 아이들이 책을 읽고 싶어서 안달이 나게 만들었다. 아이들은 정말 책을 읽고 싶은 마음이 극에 달했을 때 그 학급 문고를 공개한다. 시작과 동시에 아이들의 자발적인 책 읽기는 이미 반 이상 성공하게 된 것이다.

가정에서도 이를 적용할 수 있다. 모든 책을 빽빽하게 꽂아두고 아이들에게 읽으라고 하기보다는 책 사이사이 빈 공간이 있도록 꽂아두고 쉽게 빼서 볼 수 있도록 한다. 또 책의 제목이 보이지 않게 뒤집어 꽂아두고 아이들에게 제목이나 내용을 상상하게 해보는 것도 좋다. 또 아이가 어느 정도 독서습관을 갖추게 되면 매번 대량의 책을 전집으로 한꺼번에 구매하는 것보다 서점에 가서 직접 원하는 책을 고르게 하는 것이 좋다. 또 사서 보기 힘든 책은 주변 도서관을 이용해서 읽을 수 있는 기회를 주는 것도 중요하다. 적당한 결핍은 아이의 동기를 자극해 풍성한 성과물을 만들어 낼 수 있다.

넷째, '잠들 기 전 책 한 권 읽어주기'가 아이의 수면의식이 되도록 하라.

엄마들에게 꼭 나이가 어린 자녀에게만 책을 읽어준다는 고정관념을 없애라고 말하고 싶다. 나는 6학년 아이들에게도 꾸준히 그림 동화책이나 단편 동화를 읽어주었다. 유치하다고 할 것 같지만 고학년들도 책 읽어주는 것을 아주 좋아한다. 평소에도 늘 엄마가 책을 읽어주는 습관을 가지기를 바라지만 그것이 힘들다면 적어도 잠들기 전에는 꼭 책 한 권을 읽어주기를 권한다. 잠들기 전 책 한 권은 아이의 정서 함양뿐 아니라 잠재의식 속에 책 내용을 자연스럽게 불어넣을 수 있는 절호의 기회이다.

책을 좋아하게 된 아이가 앞으로도 독서를 꾸준히 해 나가며 집중력과 사고력을 기르기 위해서는 어떻게 해야 할까? 지금부터 몰입독서 후의 독후 활동의 중요성을 이야기하고자 한다. 단순히 책을 몰입해서 읽는 것 자체의 행위보다 책을 읽고 난 후에 어떤 활동을 하느냐가 아이의 사고력을 키우는 데 더 중요한 역할을 할 수 있다. 몰입 독서의 효과를 더욱 높이기 위해서 다음의 두 가지 활동을 조언한다.

첫째, 책 속으로 들어가 아이와 함께 연극하라!

아이가 어릴 경우에는 책을 읽은 후에 가장 기억에 남는 한 부분을 골라 그 장면을 연극으로 만드는 기회를 갖자. 예를 들어 신드바드의 모험을 읽었다고 한다면, 아이가 그 이야기 속 주인공이 되어 탐험을 하는 장면을 연기하는 것이다. 엄마는 또 다른 이야기 속 등장인물이 되어 아이의 역할을 더 실감나게 도우면 된다. 집의 소파나 가구들은 탐험을 떠나는 데 필요한 배가 될 수도 있고 바다의 파도가 될 수도 있다. 마음껏 상상하도록 두자. 아이와 함께 상상놀이에 빠져보자. 아이는 그러한 활동을 통해서 독서 감상문을 쓰는 것보다 더 효과적인 생각하는 힘을 길러낼 수 있다. 마치 이야기 속 주인공처럼 행동하는 사이 아이는 책의 내용을 내면화시킬 수 있을 뿐 아니라 책에서 전하고자 하는 메시지를 모두 몸으로 체득하게 된다. 몸으로 익힌 것들은 절대 잊지 않게 되며, 더 무한한 생각의 가지치기를 하게 된다.

둘째, 가족이 함께 독서토론의 장을 열자!

전 세계적으로 인정받는 유대인의 자녀교육 비법에서 빠지지 않는 것이 바로 가족의 토론 문화이다. 함께 책을 읽고 그것에 대해 대화를 나누는 것은 책에 대한 깊이 있는 이해와 철학적 사고를 가능하게 한다. 가족 구성원의 생각을 다양하게 듣고 그것을 통해 배우게 되는 것도 있지만, 자신의 의견을 말하는 기회를 자주 갖게 됨으로써 타인과 대화하고 소통하는 방법을 익히게 된다. 서로 묻고 대답하는 과정에서 아이의 사고력을 크게 향상되게 된다.

몰입독서로 아이의 집중력과 사고력을 기르자.

독서에 몰입하기 위해서는 우선 책을 좋아하는 일이 먼저임을 잊지 말자. 몰입독서는 단순히 당장의 공부를 잘하기 위해서 필요한 것이 아니다. 공부의 그릇을 키우는 데 필요한 것이 몰입독서이다. 이 공부는 단순히 학업 성적을 올리는 학습에만 국한된 것이 아니다. 인생을 제대로 살기 위해 해야 하는 공부도 중요하다. 다시 말해 몰입독서는 인생을 제대로 살아하는 데 있어 꼭 필요한 중요한 습관 중에 하나라고도 볼 수 있다.

책 속에 길이 있다. 아이가 인생을 살아가는 데 있어 부딪히는 난

관을 책 속에서 발견한 지혜를 통해 해결할 수 있는 자질을 어릴 때
부터 몰입독서로 키워주자. 어떤 것에 집중하며 깊이 있는 사고를 가
능하게 하는 몰입독서로 아이가 인생을 현명하게 살아가는 어른으로
성장하기를 바란다.

엄마표 놀이로 상상력과 창의력을 길러라

미학자 진중권이 쓴 '놀이와 예술 그리고 상상력'이라는 책을 읽은 적이 있다. 그 책은 '상상력 혁명'이라는 코드로 놀이와 예술의 세계를 논한다. 예술 작품에 등장한 20가지 놀이를 소개하고, 이것이 어떻게 상상력으로 뻗어갈 수 있는지 이야기하고 있다.

그 상상력을 통한 놀이는 주사위, 그림자놀이, 불꽃놀이, 종이접기처럼 우리 일상의 구석구석에서 쉽게 접할 수 있는 것들이다.

저자는 책의 마지막 부분에 '창조적 인간'이 될 수 있는 비법을 푼다. '창조적 인간'이 되려면 어린 시절의 '천진난만함'으로 돌아가라고 한다. 호기심에 한계가 없고 상상력에 구속이 없는 '영원한 소년'이 되라고 한다.

모든 것이 명확해진다. 놀이는 상상력을 통하게 되어 있고, 더불어 창조의 힘을 가지고 있다. 그렇다면 우리 아이들이 상상력과 창의력을 길러주기 위해서 필요한 것은 무엇일까? 아이들이 잘할 수 있는 그 본연의 '놀이'를 계속해 나가면 된다. 어린 아이들의 본능이 이끄는 대로 제대로 놀면 아이들의 상상력과 창의력을 저절로 길러지리라.

하지만 요즘 아이들은 제대로 놀기가 쉽지 않다. 우선 아이들이 바쁘다. 해야 할 것이 많은 우리 아이들은 놀 시간이 없다. 너도나도 모두 바쁘다 보니 같이 놀 친구도 없다. 그래서 찾는 것은 플라스틱 인조 친구 장난감이다. 이래서야 그 상상력과 창의력이라는 것이 길러줄 수 있을까? 제대로 놀 수 있는 방법으로, 제대로 된 놀이의 방법으로 '엄마표' 놀이를 추천한다.

'엄마표' 놀이는 무엇일까? 말 그대로 엄마가 놀이를 만들어 아이와 놀아주는 것이다. 엄마가 레크리에이션 강사라도 되라는 말인가 하고 오해하지 말자. 엄마표 놀이는 그런 전문가적인 능력이 필요 없다. 그냥 일상 곳곳에서 쉽게 접할 수 있는 우리 아이를 잘 아는 엄마가 만들어내는 놀이이다. 엄마표 놀이를 하거나 만드는 데 있어 먼저 알아둬야 몇 가지 주의점이 있다.

첫째, 엄마부터 놀이를 즐기자!

놀이를 하는 동안 엄마가 즐거워야 아이가 즐겁다. 아이를 위해 놀아준다는 생각 자체를 버려야 한다. 아이와 함께 놀면서 엄마인 나도 즐거울 수 있다는 생각을 하자. 내가 즐거운 놀이를 찾는 것이 먼저다. 어떤 놀이든 엄마가 즐겁게 하면 아이는 자연스럽게 따라오게 되어 있다. 놀아주는 것이 아니라 함께 노는 것이며 그 시간은 즐거워야 한다. 엄마도 즐거운 놀이가 되어야 한다.

둘째, 놀이의 규칙을 명확히 하도록 하자.

놀이를 시작하기 전에는 아이에게 놀이 규칙에 대해 안내하고 그것을 지킬 것은 약속하게 한다. 놀이를 하는 중간 아이가 원하는 대로 놀이 규칙을 변형한다거나 놀이 자체를 바꾸는 일은 놀이를 시작하지 않은 것만 못하다. 되는 것과 안 되는 것을 분명하게 해주고, 놀이 규칙을 지키도록 연습시키자.

셋째, 집안 곳곳에 있는 다양한 물건들을 놀이의 재료로 삼도록 하자.

예를 들면 다음과 같다.

· 집안의 조리도구 냄비, 국자 등을 가지고 난타하기.

· 높이를 달리 한 재활용 유리병 여러 개에 물을 넣어 악기로 만들기.

· 버리는 귤껍질이나 사과 껍질, 이쑤시개, 젓가락 등을 이용해서 동물 얼굴 만들기.

· 젓가락과 숟가락으로 더 빨리, 더 많이 콩 옮기기.

· 물감을 넣고 밀가루 반죽을 한 후 다양한 작품 만들기.

· 로션을 바른 손을 검은색 도화지에 찍고 마르기 전에 그 위에 밀가루를 뿌리기.

그 밖에도 집안에 항상 구비해두고 쓰면 좋은 놀이 재료로 추천하는 것은 유토이다. 찰흙은 한 번 사용하면 재사용이 힘들지만, 유토는 보관만 잘하면 원하는 대로 여러 번 사용할 수 있는 장점이 있다.

유토를 가지고 놀 때는 아이의 손 움직임이 많아지므로 어릴 때일수록 이를 잘 활용하면 손의 협응력을 길러주는 데 아주 효과적이다. 보통 학교에 입학하면 가위질을 많이 하게 되는데 평소 손을 많이 사용해서 놀아 본 아이들이 가위질도 잘하는 편이다. 평소 다양한 놀이를 통해 손의 소근육을 많이 쓰도록 하는 것이 좋다.

넷째, 몸은 최고의 놀이 도구다!

신체놀이로 몸을 깨우고 두뇌를 깨워라!

엄마표 놀이로 가장 추천하고 싶은 것이 바로 이 신체놀이이다. 놀이 중에서 아이들은 몸으로 노는 것에서 가장 큰 쾌감을 느낀다. 또한 정서적 만족감과 카타르시스를 느끼게 되어 평소 스트레스가 많은 아이일수록 몸으로 놀 수 있는 기회를 많이 주어야 한다.

엄마와 할 수 있는 신체 놀이 몇 가지를 소개한다.

1)자석놀이

아이와 엄마 둘 중 한 사람은 자석이 되고, 다른 한 사람은 쇳덩어리가 된다. 자석의 끌어당기는 성질을 이용하여 다른 사람이 이끄는 대로 몸을 움직이게 하는 활동이다. 자석은 쇳덩어리가 된 사람의 이마에서 20cm 떨어진 거리에 손바닥을 대고 쇳덩어리를 여기저기 끌고 다닌다. 쇳덩어리는 손바닥과 이마를 20cm 간격으로 유지하며 자석이 움직이는 대로 이끌려 다닌다. 처음에는 엄마가 자석이 되는 것이 좋다. 아이가 자연스럽게 몸을 이완시킬 수 있도록 동선을 짧게 가져가다가 나중에는 아이가 몸을 더 많이 움직일 수 있도록 큰 동작으로 놀이한다.

2) 거울놀이

한 사람의 동작을 다른 사람이 그대로 따라 하는 놀이로 엄마와 아이 간의 친밀감을 높일 수 있는 놀이이다. 두 사람이 마주서면 한 사람은 거울이 되고 한 사람은 거울을 보는 사람이 된다. 거울은 사람의 동작을 그대로 따라서 한다. 엄마가 사람이 되고 아이가 거울이 되면 쉬운 동작에서 시작한다. 아이가 따라 하기 쉽지 않은 재미있는 동작을 엄마가 선보이면 아이는 그것을 따라 하며 아주 즐거워하게 된다.

3) 김밥 말이 놀이

이불에 아이를 눕히고 김밥처럼 돌돌 만다. 단순히 마는 행동만 하

는 것이 아니라 엄마가 아이에게 대화를 걸면서 하도록 한다

"오늘은 00이가 소풍 가는 날이네요. 맛있는 김밥을 엄마가 싸줄게요. 00이는 어떤 김밥이 좋아요? 그럼 오늘은 00이가 좋아하는 참치 김밥을 싸볼게요. 단무지도 넣고 시금치도 넣고 또 뭐를 넣어야 할까요?"

아이와 엄마가 질문과 대답을 주고받으며 서로 교감을 나누는 것이 중요하다.

4) 상상 변형 놀이

집안의 생활 소품을 가지고 그 쓰임새를 바꿔보는 놀이이다.

예를 들면 의자를 가운데 둔다. 엄마가 먼저 원래 의자의 쓰임인 앉는 것과 다른 쓰임을 상상해서 행동한다. 의자를 뛰어넘으며 장애물 달리기를 하는 허들이라고 보여주는 것이다. 그러면 아이는 또 다른 쓰임을 고민해서 의자를 사용해야 한다. 이것은 아이들의 상상력을 자극하는 데 매우 좋은 놀이이다.

'놀이'는 아이들이 가진 의무이자 권리이다.

마음껏 놀게 하자.

엄마도 함께 놀아야 한다. 그 속에서 아이와 함께 즐거워지자. 집안의 어떤 것을 이용해도 좋다. 아이와 놀아주기 위해서 필요한 것은 값비싼 플라스틱 장난감이 아니다. 오히려 엄마의 관심과 정성이 담긴 엄마표 놀이를 통해 장난감에 빠진 우리 아이들을 구출해야 한다.

엄마가 만든 놀이라면 아이들은 그 어떤 것이라도 재미있고 즐겁게 할 수 있다. 제대로 놀 줄 아는 아이가 상상력과 창의력이 풍부한 아이로 자란다.

엄마는 아이의 인생 선생님이다

매년 만나는 엄마들에게 교육보다 더 중요한 것은 가정에서 아이를 잘 기르는 양육이라고 말한다. 많은 강남 엄마들이 아이들의 교육 이전에 어릴 적 양육에 더 많은 관심과 정성을 들이는 이유가 이런 연유이지 않을까 싶다. 아이들은 나무와 같다. 가정에서 엄마의 양육을 통해 나무의 뿌리를 튼튼히 땅속에 내려야 한다. 그 뿌리가 내려진 나무들이 학교에 입학하게 되면 선생님이 그것에 양질의 거름을 쳐준다. 다시 이야기하면, 그 양분이 제대로 효과를 내기 위해서는 가정에서 땅속에 뿌리를 튼튼하게 내리게 하는 것이 우선이 되어야 하는 것이다.

그것으로 보자면 아이의 인생에서 첫 번째 선생님은 어린이집, 유치원, 학교 선생님도 아닌 바로 엄마이다. 나무의 뿌리를 땅속 깊이 흔들리지 않게 튼튼히 내릴 수 있도록 해주는 아이의 첫 번째 선생님은 우리 엄마들인 것이다.

선생님의 선생(先生)의 한자는 '먼저 선'에 '날 생' 자이다. 한자 그대로의 뜻풀이를 하자면 먼저 태어난 사람이다. 그렇다. 선생은 먼저 태어난 사람이다. 단지 아이들보다 먼저 태어난 사람으로 선생이라는 자격이 주어진다. 먼저 태어났기에 아이들보다 조금 더 많은 경험을 하게 되고 그것을 통해 조금 더 많은 지혜를 얻게 된다. 그래서 아주 완벽하지는 않은 선생님이라는 자격이 주어지는 게 아닐까 싶다.

아이의 인생 선생님으로서의 역할이 단순히 아이가 공부를 잘할 수 있도록 곁에서 돕는 학습매니저로 그치는 것을 원치 않는다. 세상의 많은 엄마들에게 주어지는 인생 선생님의 역할이 좀 더 넓은 의미로 행해지기를 바란다.

우리 엄마들은 아이에게 어떤 인생 선생님이 되어 주어야 할까? 전부터 내가 내 아이를 기르는 데 있어 진정 중요하게 명심해야 하는 것들을 적고 내가 흔들릴 때마다 찾아야겠다고 생각했다. 이 책 한 권에 그러한 나의 다짐이 곳곳에 담겨 있으리라. 아래의 지면을 통해 잠시 잊을 때마다 찾을 수 있는, 나를 깨우치는 말들을 한 번 더 남기고 싶다. 이 글을 쓰고 있는 나도 아직 우리 아이에게 훌륭한 인생 선생님이 아니다. 아마 영원히 그렇게 되지 못할 수도 있다. 하지만 노력하고 싶다. 그래서 아래의 내용을 한 줄 한 줄 진심을 담아 적어본다.

첫째, 영혼이 아름다운 인생 선생님이 되자.

특정한 종교를 떠나서 인간은 육체(body), 마음(mind) 그리고 영혼(spirit)이라는 세 가지 차원으로 이루어져 있다는 것에 적지 않은 사람들이 동의할 것이라 생각한다. 여기서 영혼이라는 것의 사전적 의미는 육체에 깃들어 마음의 작용을 맡고 생명을 부여한다고 여겨지는 비물질적 실체라고 되어 있다. 즉 육체와 마음을 두루 관장하는 영혼은 이 세 가지 차원 중에 가장 근본적인 것이라고 할 수 있겠다. 이렇다면 영혼이 아름답다는 것은 어떤 의미일까? 이 질문에 나는 자연스러움을 따라가는 것이라고 대답하고 싶다.

이 영혼이라는 영적 차원에서 봤을 때 성공이라는 것은 억지로 노력하는 것이 아닌 지극히 자연스러운 일이 된다. 정말 그럴 수 있을까? 성공이라는 것이 어떻게 지극히 자연스러운 일이 될 수 있을까라는 다음의 질문을 고민하는 것에서부터 시작될 수 있다.

우리 아이는 어떤 인생의 배역을 가지고 이 땅에 태어났을까?

아이들은 저마다 주어진 소명을 다하려고 태어났다. 따라서 우리 엄마들은 아이의 소명을 찾아주어야 한다. 그렇다면 아이의 성공은 저절로 자연스럽게 따라오게 되어 있다. 세속적인 성공과 부를 먼저 이야기하기보다는 아이의 소명을 찾아 그것을 이루는 과정에서 성공을 맛보게 하고 부를 누리게 하는 영혼이 아름다운 엄마가 되었으면 좋겠다.

아이는 부모를 선택해서 온다는 말이 있다. 우리 아이가 내게 온 이유를 진심으로 깊이 생각해보는 엄마가 되자. 엄마들은 흔히 아이가 보이는 행동에 쉽게 화가 난다. 유난히 깔끔한 엄마는 지저분하게 여기저기 자신의 물건을 벌려놓는 아이가 도통 마음에 들지 않는다. 또 차분한 성격의 엄마는 지나치게 외향적인 아이가 부담스럽다. 산만한 아이의 행동이 눈에 거슬려 큰 소리로 야단도 쳐보지만, 아이의 행동은 크게 달라지지 않는다. 순간 이런 생각이 스친다.

'왜 내 아이는 나와 이렇게 맞지 않는 거지? 나와 이렇게 궁합이 맞지 않는 애가 내 자식이 됐냐고.'

맞지 않아서 그 아이가 이 엄마에게 온 것이다.

지나친 정리 벽을 가진 엄마에게는 정리에 대한 강박관념을 아이를 통해 벗어날 수 있게 해주고, 차분한 엄마에게는 아이를 통해 삶의 활력을 전해 받도록 해주게 함은 아닐까? 그 엄마와 아이는 알고 보면 최고의 궁합의 부모와 자식 관계인 것이다.

아이들은 저마다 각자의 인생 배역을 가지고 이 땅에 온다. 그것은 엄마도 마찬가지이다.

'나는 어떤 인생의 배역을 가지고 우리 아이의 인생에 들어왔을까?'

'우리 아이는 어떤 배역을 가지고 나를 엄마로 맞이했을까?'

이를 고민하는 엄마가 되자. 얼굴보다 영혼이 아름다운 엄마가 되었으면 좋겠다.

둘째, 믿어주는 인생 선생님이 되자.

내가 좋아하는 웹툰 중에 만화가 정철연의 '마조앤새디'가 있다. 주인공 마조와 새디가 만나 그들의 2세 깨비가 탄생하기까지의 과정에서 겪게 되는 생생한 공감과 일화가 가득 담긴 그 웹툰은 볼 때마다 무릎을 치게 된다. 깨비밖에 안 보이는 아들 바보 마조, 깨비를 만나고 천생 엄마가 돼버린 새디가 어느 날 이런 대화를 나눈다.

새디: 갑자기 무슨 소리야. 깨비가 뭘 하든 무조건 응원하기로 했잖아.

마조: 모르겠어. 그냥.

나는 부모들이 아이들 꿈을 몰라주는 거 되게 한심하다고 생각했었거든?

아이가 진짜 하고 싶은 게 뭔지는 관심도 없으면서

가수는 무슨, 공부나 해. 만화는 무슨 공부나 해. 근데…….

사랑하니깐 그런 거였어. 아이가 불행해질 가능성을 조금이라도 줄이고 싶은 거라고

인생은 실전이니까 꿈을 무시하는 게 아니라고.

'꿈'편에 등장한 마조와 새디가 서로 주고받은 말이다. 아이가 불행해질 가능성을 조금이라도 줄이고 싶어서 이제까지 부모들이 그랬다는 대목에서 눈물이 핑 돌았다. 정말 부모라면 누구나 구구절절 설명

하지 않아도 그 마음을 알 것 같다.

아이가 살게 되는 인생에는 연습이 없으니까 조금이라도 덜 힘들게, 덜 불행하게 아이가 자신의 삶을 살게 해주고픈 엄마들……. 그래서 공부나 하라고 잔소리하게 되는 엄마들이다.

하지만 이제는 아이가 불행해질 가능성을 조금이라도 줄이기 위해서 공부하라고 말하는 엄마 대신 아이들이 원하는 꿈을 이루면 얼마든지 행복하게 살 수 있다고 믿어주는 엄마가 되자. 아이의 꿈을 열렬히 응원해주며 그렇게 아이를 믿어주는 엄마가 되었으면 좋겠다. 앞서 말한 것처럼 그것이 아이의 소명일 것이다. 가수가 되어서 많은 사람들의 눈과 귀를 즐겁게 해주는 것이 한 아이의 소명이 될 수 있다. 만화가가 되어 많은 사람들에게 재미와 감동을 주는 것이 한 아이의 소명이 될 수 있는 것이다. 아이들을 믿어주자.

열 달을 품어 낳은 우리 아이가 세상에 자신의 탄생을 알리는 울음소리를 터뜨렸을 때, 아이가 믿을 곳은 우리 엄마 품밖에 없었다. 그렇게 아이를 안고 많은 엄마들은 다짐했으리라. 이 엄마만 믿으라고. 하지만 어느 순간 우리 엄마부터가 우리 아이들을 믿어주지 못하고 채근하고 의심하며 아이의 능력을 시험하게 된다.

우리 아이가 내게 온 그 특별하고 소중한 이유는 분명히 있다. 그 이유를 항상 고민하며 아이의 존재 자체를 감사히 여기는 영혼이 아름다운 엄마로 아름답게 살자. 그 누구보다도 아이를 믿어주고 든든한 버팀목이 되어주는 엄마로 살았으면 한다. 그런 엄마 밑에서 우리 아이들은 세상의 모든 것을 있는 그대로 받아들이며, 진정한 삶을 성공적으로 살게 될 것이다.

이 지구별을 여행하러 온 우리 아이에게 특별한 인생 가이더가 되어준다면 우리 아이들은 그들의 소명을 다해내리라.

엄마는 아이의 최고의 인생 가이더이자, 최고의 인생 선생님이라는 것을 항상 기억하기를 바란다.